Nase vorn!

Mathematik

3

Einstiegsbuch

Erarbeitet von

Alexandra Freytag

Anna Harrich-Voßen

Gesa Hochscherff

Uwe Nienhaus

Anna Pöllinger-Miebach

Illustriert von

Friederike Ablang

Antje Hagemann

Josephine Wolff

Cornelsen

Inhalt

Zahlen in der Umwelt

Wo findest du Zahlen bis 1000 in deinem Alltag?

einhundert
zweihundert
dreihundert
vierhundert
fünfhundert
sechshundert
siebenhundert
achthundert
neunhundert
eintausend

1.

2.

3.

 Hast du etwas Neues entdeckt?
 Welche Zahlen hast du entdeckt? Wo hast du sie entdeckt?

Große Mengen

1. Ich schätze, es sind 200.

2. Wie zählen wir klug?

3.

4.

 Wie kannst du das Ergebnis schnell überprüfen?

Nach Nr. 2 folgt eine Zwischenreflexion: Thematisierung Zehner-/Hunderterbündel.
Schritt 3 und 4 zunächst abdecken.

Hunderter, Zehner und Einer

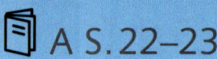

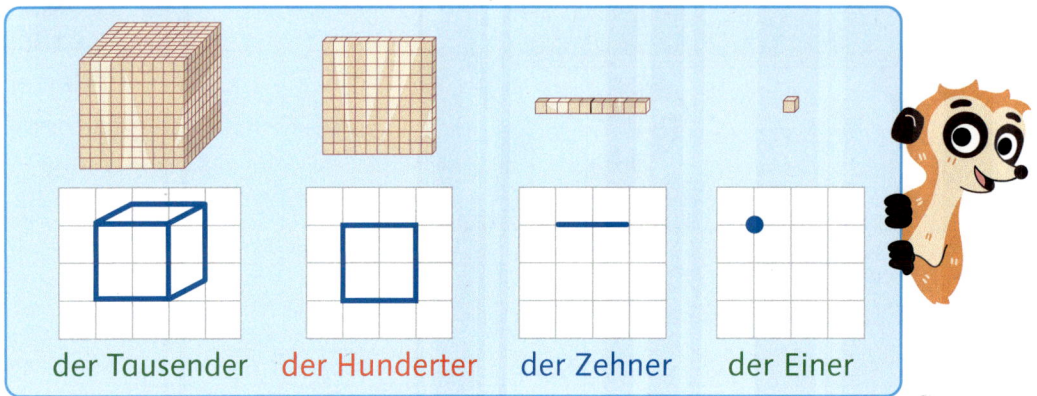

der Tausender	der Hunderter	der Zehner	der Einer

1.

2.

3.

 Passen Zahl und Geheimschrift zusammen?

Einstieg: Dienes-Material einführen.

Zahlen verschieden darstellen

A S. 24–25

H	Z	E
3	5	6

die Geheimschrift   **die Zahlzerlegung**
400 + 50 + 3

H	Z	E
4	5	3

die Stellenwerttafel

453

die Zahl

Vierhundertdreiundfünfzig

1.

2.

die Geheimschrift   die Zahlzerlegung
200 + 50 + 4

die Stellenwerttafel   die Zahl

H	Z	E
2	5	4

254

3.

Wir kontrollieren.

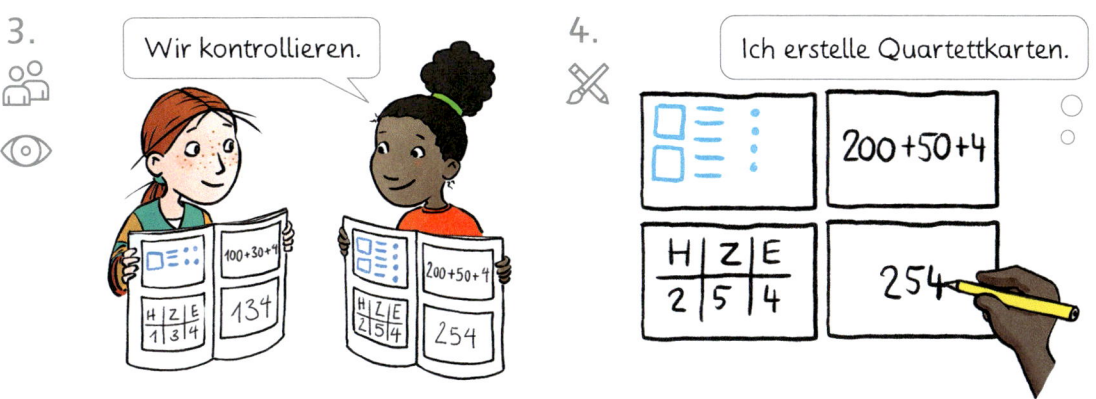

4.

Ich erstelle Quartettkarten.

200 + 50 + 4

H	Z	E
2	5	4

254

Passen die verschiedenen Zahldarstellungen zusammen?

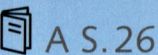

1. Meine Startzahl. 213

2. Wie finde ich alle Zahlen? 222 303

3. Ich sortiere nach der Größe. 312 303 222

4.

Welche Zahlen können entstehen, wenn du ein Plättchen verschiebst?

Beim Verschieben immer von der Startzahl ausgehen.

Kleiner, größer, gleich

Verschiebe 1 ●.
Vergleiche beide Zahlen.
Setze <, > oder =.

kleiner als   <
größer als   >
gleich   =

1.

2.

Ich verschiebe 1 ●.

3.

Welches Zeichen?

Wann wird eine Zahl größer/kleiner?

Das Tausenderfeld

A S. 28–29

das Tausenderfeld

1.

2.

3.

4. Wie hilft mir der Aufbau des Tausenderfeldes beim Erkennen der Menge?

 Wie ist das Tausenderfeld aufgebaut?

1.–3. Stationsarbeit.

Die Tausendertafel

A S. 30–31

Wo finde ich die Zahl 295?

Auf der 3. Hundertertafel, letzte Zeile, 5. Spalte.

die Tausendertafel

1.

2. Unten links immer 9Z und 1E.

3. 102!

2. Hundertertafel, 1. Zeile, 2. Spalte

4. Wie finde ich Zahlen schnell?

Wie ist die Tausendertafel aufgebaut?

Der Zahlenstrahl (I)

1.

2.

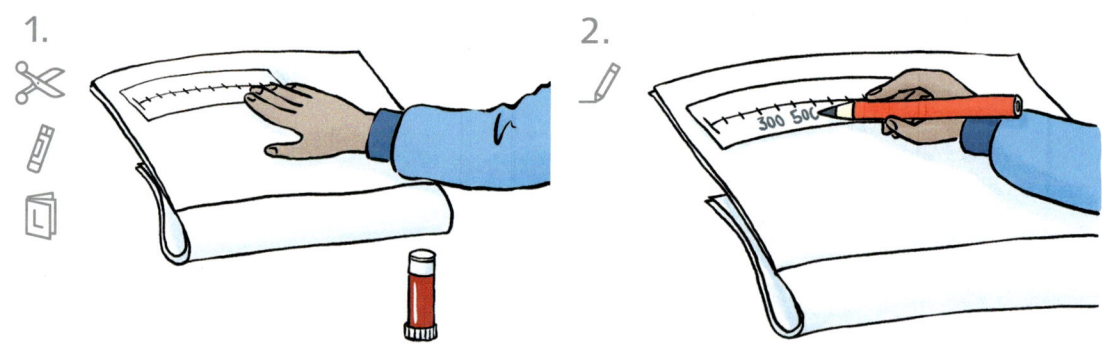

3.

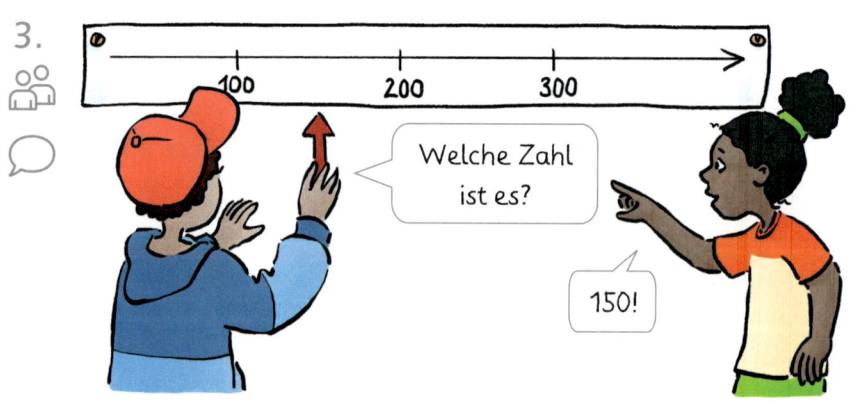

?! Woher weißt du, dass die Zahl … an diese Stelle gehört?

Der Zahlenstrahl (II)

1.

2.

3.

Wie groß ist der Abstand zwischen beiden Zahlen?
Wie groß ist die Hälfte des Abstandes?

Nachbarzahlen

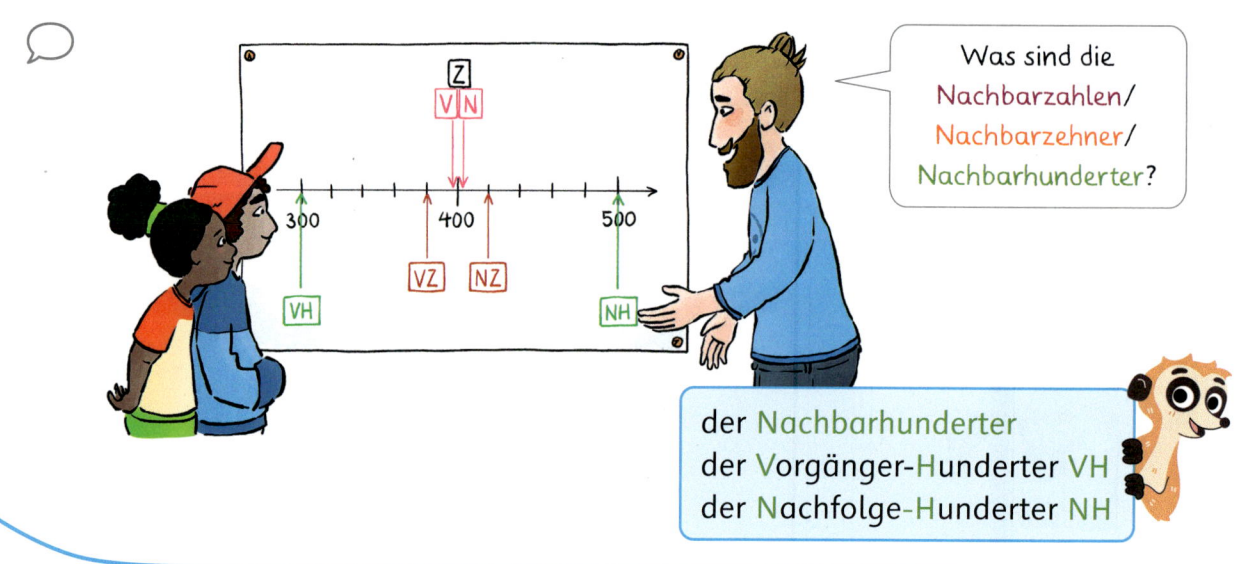

Was sind die
Nachbarzahlen/
Nachbarzehner/
Nachbarhunderter?

der Nachbarhunderter
der Vorgänger-Hunderter VH
der Nachfolge-Hunderter NH

1.

2.

3.

Wie finde ich V, N,
VZ, NZ, VH, NH?

4.

VH	VZ	V	Z	N	NZ	NH
300	310	316	317	318	320	400

 Wie findest du die Nachbarzahlen einer Zahl?

1.–2. Arbeitsauftrag 1; 3.–4. Arbeitsauftrag 2.

Körper in der Umwelt

die Kugel
der Quader
der Würfel
der Zylinder
das Prisma
die Pyramide
der Kegel

1. Was weiß ich zu Körpern?

2.

3.

4. Welche Körper finde ich häufig? Warum?

 Welche Körper hast du (oft) gefunden? Wo hast du sie gefunden?
Gibt es Gegenstände aus mehreren Körpern?

Begriffe „Prisma", „Pyramide" und „Kegel" erst in der Reflexion thematisieren.

Wie baust du ein Kantenmodell?

das Kantenmodell
die Ecke
die Kante

1.

2.

der Würfel

3. Welche Körper haben kein Kantenmodell?

Wie erklärst du ein Kantenmodell in deinen Worten?

Körper untersuchen (II)

 A S.39

1.

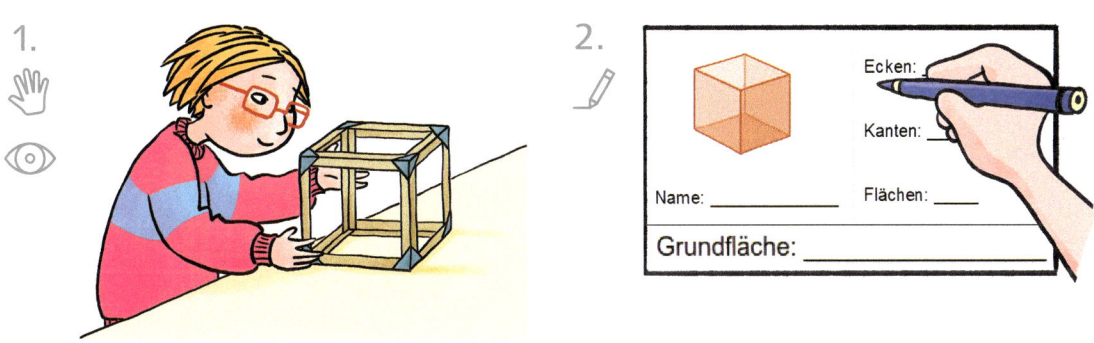

2.

3.

Das ist mein Steckbrief zum Würfel.

Ich habe … Flächen/Ecken/Kanten. Welcher Körper bin ich?

Hinweis: Eine Ecke ist ein Punkt, an dem mind. 3 Kanten aufeinandertreffen.
Ein Kegel hat keine Kanten, deshalb auch keine Ecken, sondern eine Spitze.

Warum passen Körper und Körpernetz zusammen?

das Körpernetz

1.

2.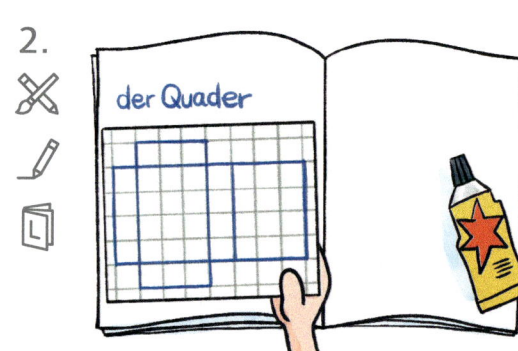

der Quader

3.

4.

Woran erkenne ich, welcher Körper aus dem Körpernetz entsteht?

 Aus welchen geometrischen Formen besteht das Körpernetz?

Würfelnetze

A S. 42–43

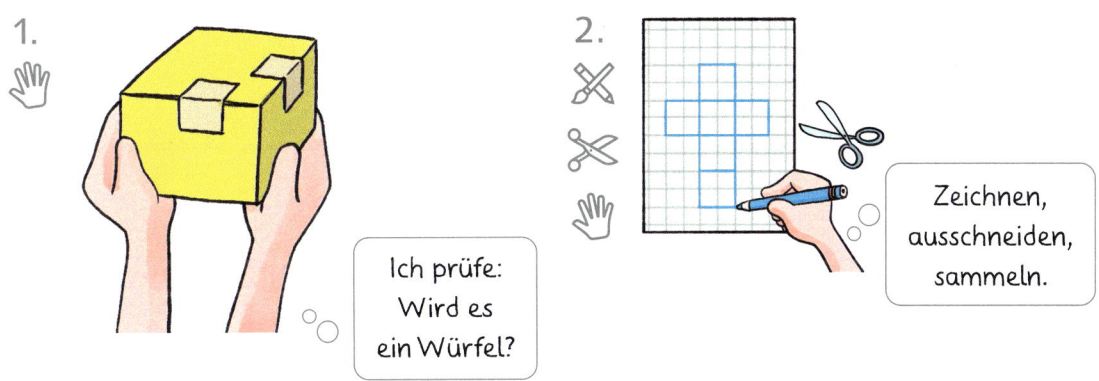

?! Hast du eine Strategie, um alle Würfelnetze zu finden?

die Augenzahl
die Augensumme

1.

2.

3.

4.

Addition bis 1000

A S. 46–47

 253+344

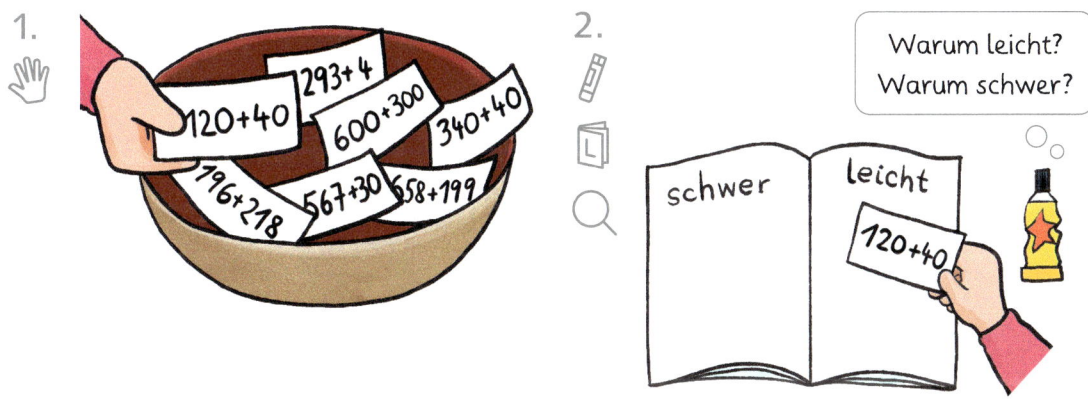

1.

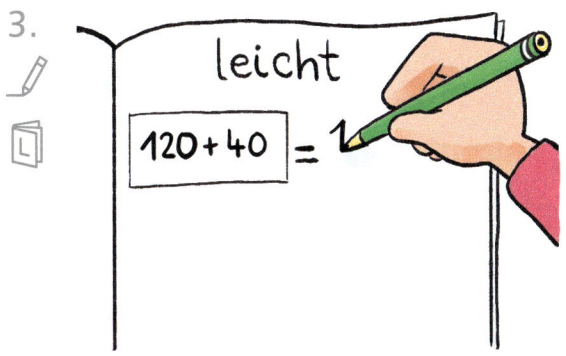

2.

Warum leicht?
Warum schwer?

schwer | leicht

120+40

3.

leicht

120 + 40 = 1

 Warum ist diese Aufgabe leicht für dich?

 Hast du Tipps?

Eine Liste leichter und schwerer Aufgaben präsentieren.

21

1. Ich sortiere.

2+4 = ___   5+2 = ___

32+4 = ___   45+2 = ___

132+4 = ___   645+2 = ___

2.

2+4 = ___6

32+4 = ___

132+4 = ___

3.

2+4 = ___6

32+4 = ___36

132+4 = ___136

Bei welchen Aufgaben hilft dir ?

Aufgabenkarten aus der 1. Stunde verwenden. 3. Partnerkontrolle vor dem Einkleben.

Eine Stelle ändert sich

A S. 50–51

Welche Stelle ändert sich: H, Z oder E?

130

130 + 200 = 330

1. 140 + 300

2.

3. 140 + 300 = 440

4. 140 + 300 = 44

Welche Stelle ändert sich?

Welche Stelle musst du bei dieser Aufgabe besonders beachten?

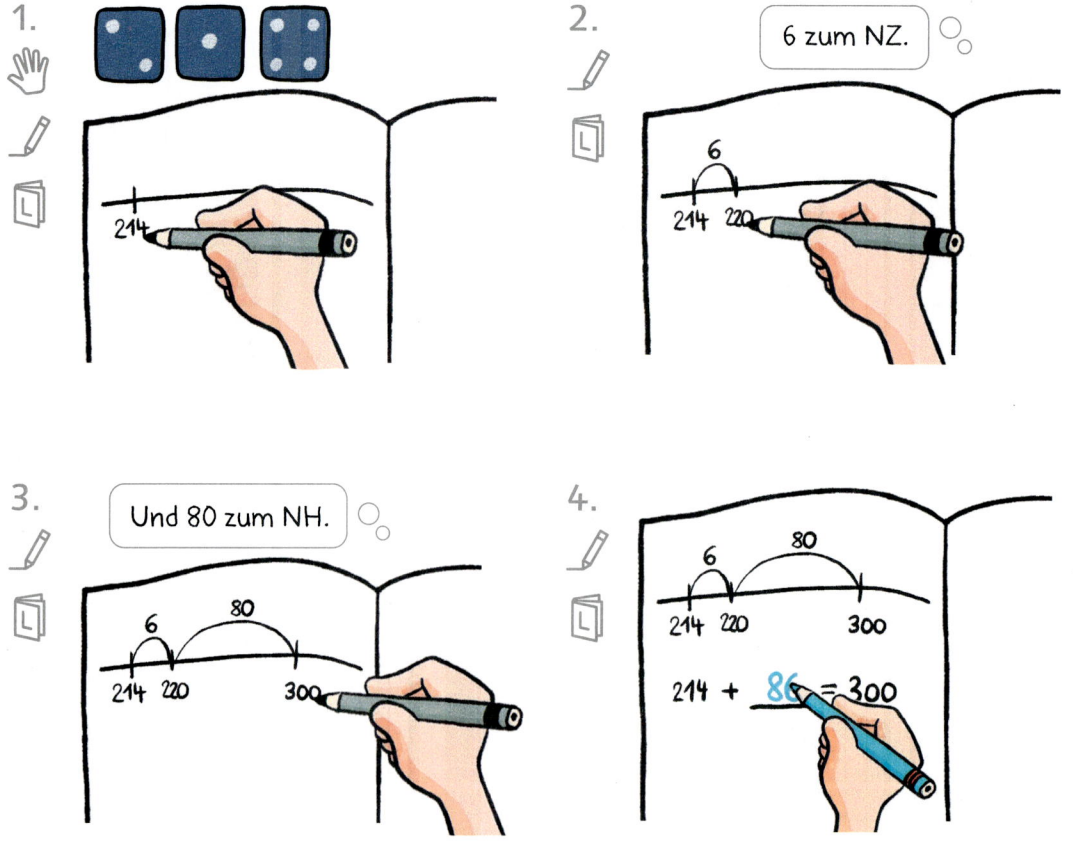

?! Wie hast du den NH der Zahl gefunden?

Einstieg: Auffüllen zum Hunderter auch mit Dienes-Material darstellen.
Abkürzungen: NZ =Nachfolge-Zehner, NH = Nachfolge-Hunderter

Vom Hunderter weiter

 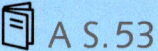

Welche Stelle ändert sich?

500 + 20

1.

300 + 25 =

2.

300 + 25 =

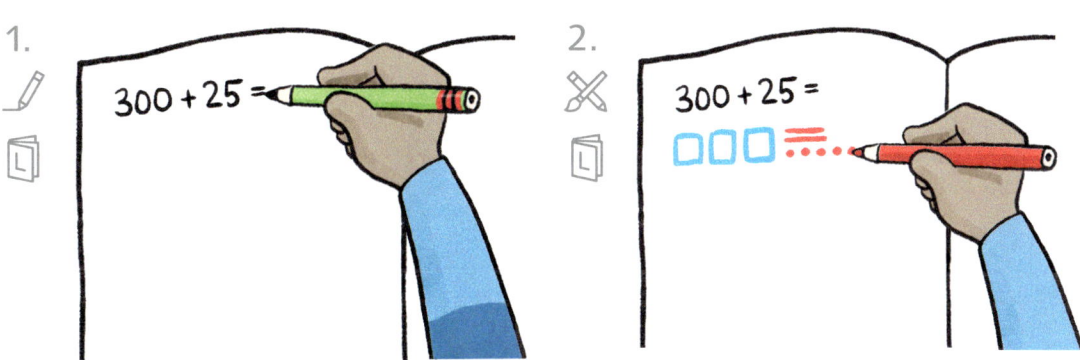

3.

300 + 25 = 325

Wie hast du gerechnet? Was fällt dir auf?

Aufgaben überschreiten den Nachfolge-Hunderter in dieser Stunde nicht.

25

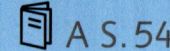

1.

2.

3.

4.

?! Wie rechnest du? Bei welchen Aufgaben hilft dir ♡ ?

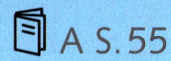

?! Wie kannst du die Zehner bündeln?

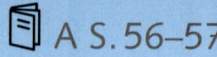

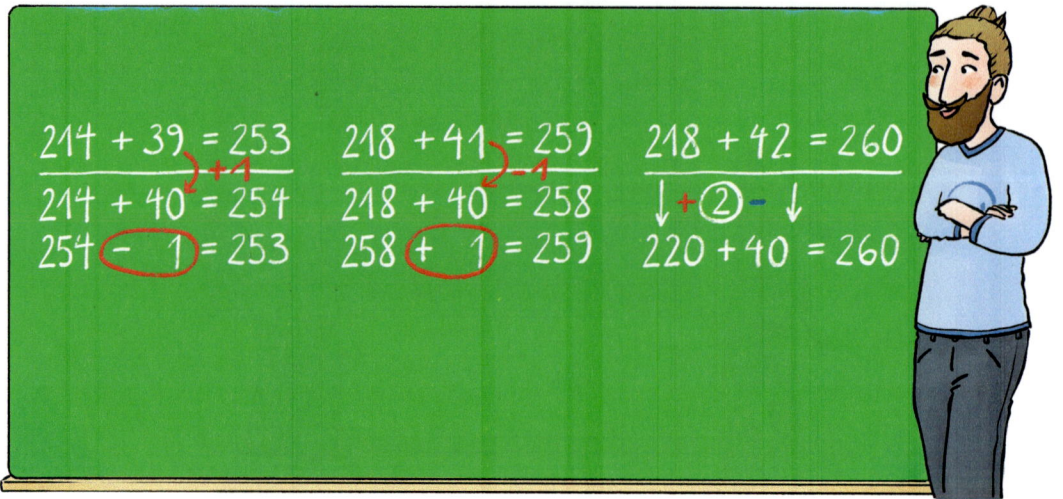

1.

2.

3.

4.

 Bei welchen Aufgaben hilft dir ⬤ ?

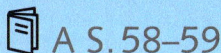

1.

$254 + 123 =$

$254 +$

2.

Wie rechne ich mit  ?

3.

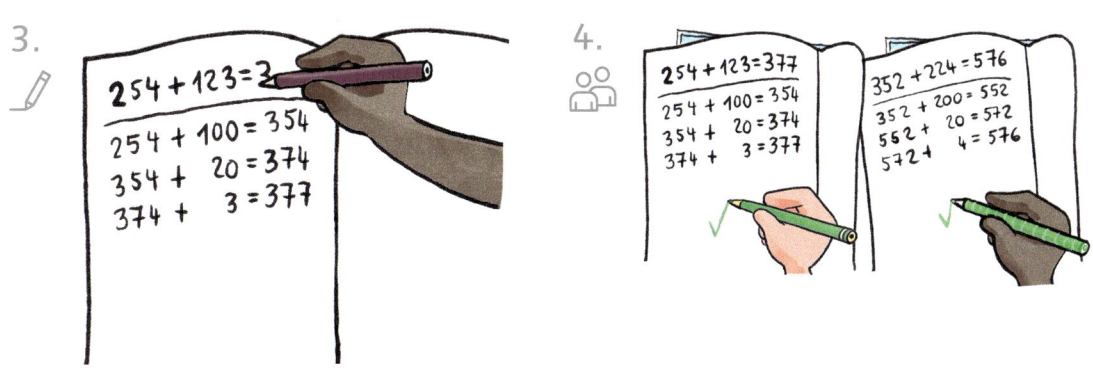

$254 + 123 = 3$

$254 + 100 = 354$

$354 + 20 = 374$

$374 + 3 = 377$

4.

$254 + 123 = 377$
$254 + 100 = 354$
$354 + 20 = 374$
$374 + 3 = 377$

$352 + 224 = 576$
$352 + 200 = 552$
$552 + 20 = 572$
$572 + 4 = 576$

Bei welchen Aufgaben hilft dir ?

Stellenweise addieren

A S. 60–61

1.

Zuerst addiere ich ...

356 + 433 =
300+

2.

Wie rechne ich mit $\begin{array}{c}H+H\\Z+Z\\E+E\end{array}$?

3.

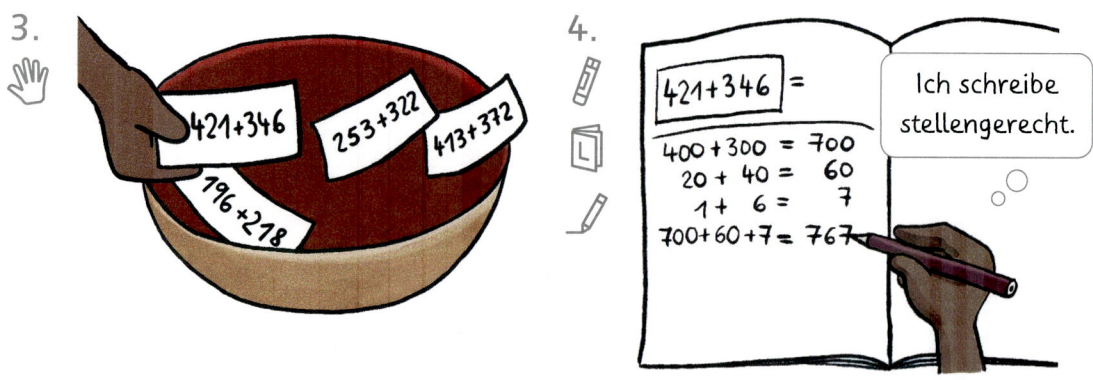

4.

421+346 =

400 + 300 = 700
20 + 40 = 60
1 + 6 = 7
700+60+7 = 767

Ich schreibe stellengerecht.

 Bei welchen Aufgaben hilft dir $\begin{array}{c}H+H\\Z+Z\\E+E\end{array}$?

Nach Nr. 1 folgt eine Zwischenreflexion.

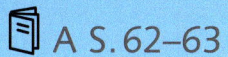

356 + 433

Ich addiere zuerst die Einer, dann die Zehner und zuletzt die Hunderter:
6E+3E=9E
5Z+3Z=8Z
3H+4H=7H

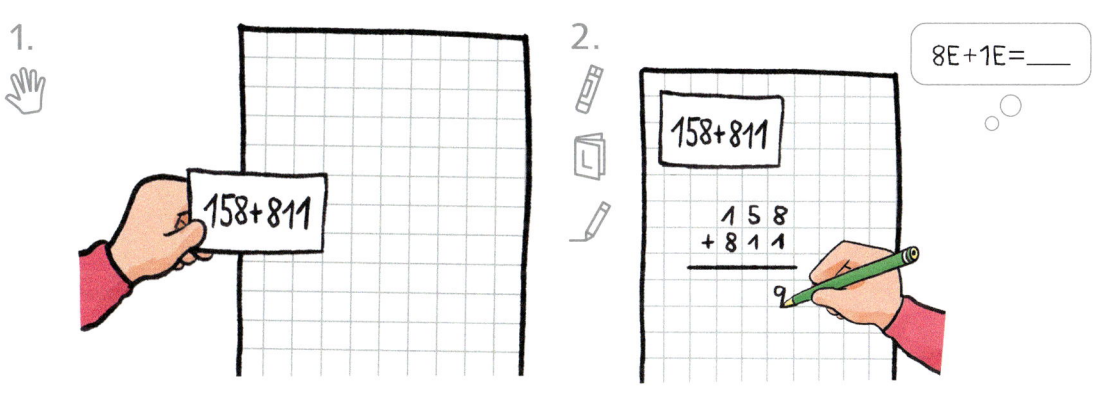

1.

158+811

2.

8E+1E=____

158+811

3.

5Z+1Z=____

158+811

4.

1H+8H=____

158+811

 Bei welchen Aufgaben hilft dir $\boxed{+/-}$?

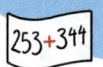
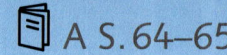

356 + 236

6E+6E=12E
Ich wechsle: 10E=1Z
Für den neuen Zehner
schreibe ich eine kleine 1.
Das ist der Übertrag.

der Übertrag
übertragen

1.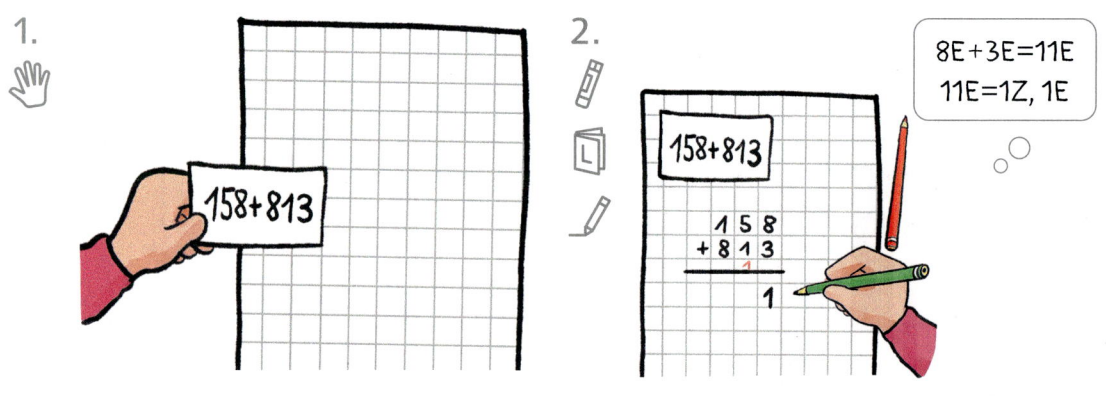

2. 8E+3E=11E
11E=1Z, 1E

158+813

3. 5Z+2Z=____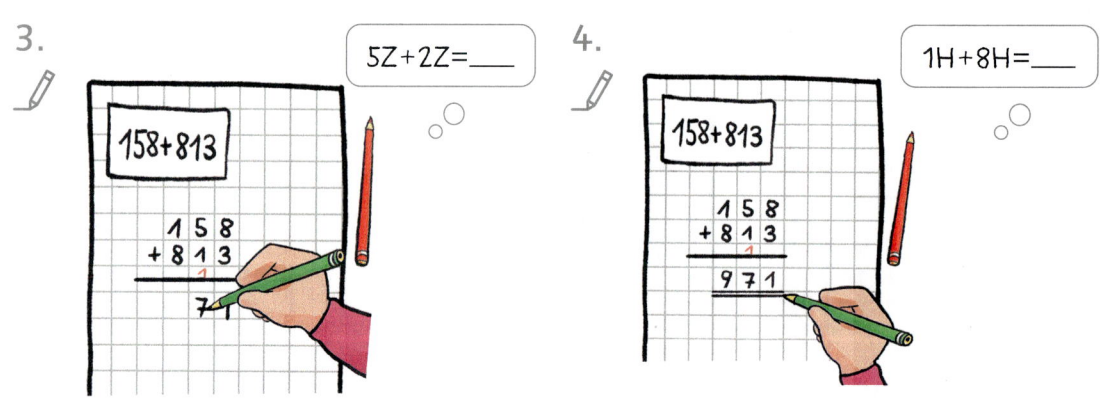

4. 1H+8H=____

158+813

158+813

Bei welchen Aufgaben hilft dir +/- ?

Alle Rechenwege

1.

2.

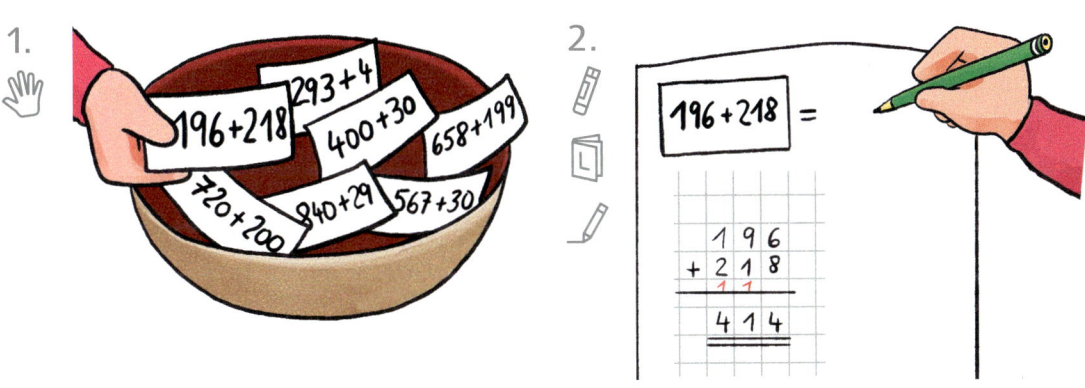

3.

Welchen Rechenweg muss ich noch üben?

4.

Du erklärst den Rechenweg, ich filme.

Welche Rechenwege hast du genutzt?
Wie kannst du weiter üben?

Zwischenreflexion folgt nach Schritt 2.

33

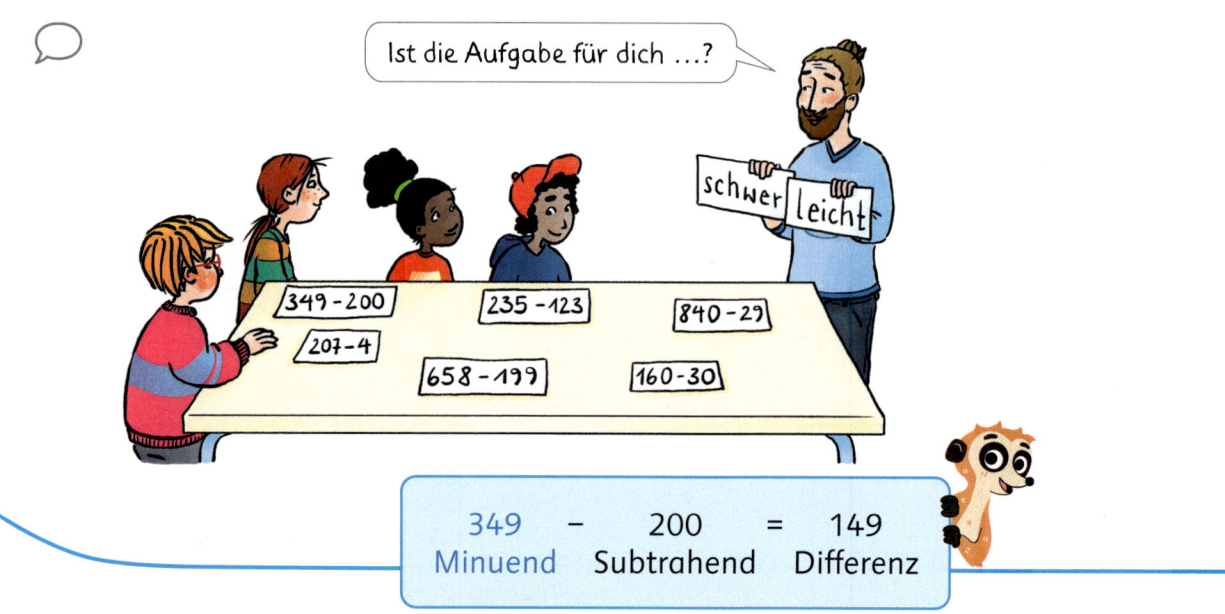

349 – 200 | 235 – 123 | 840 – 29 | 207 – 4 | 658 – 199 | 160 – 30

Ist die Aufgabe für dich …?

schwer | leicht

349	–	200	=	149
Minuend		Subtrahend		Differenz

1.

697 – 40 | 140 – 20 | 600 – 300 | 450 – 30 | 786 – 218 | 521 – 346 | 567 – 30

2.

Warum leicht?
Warum schwer?

schwer | leicht
140 – 20

3.

leicht

140 – 20 = 1

Warum ist diese Aufgabe leicht für dich?
Hast du Tipps?

Eine Liste leichter und schwerer Aufgaben präsentieren.

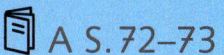

Welche Aufgaben passen zusammen?

58 − 6   5 − 2   8 − 6   365 − 2   64 − 3   65 − 2   258 − 6   4 − 3

1.

Ich sortiere.

7 − 4 = ___   6 − 2 = ___

57 − 4 = ___   26 − 2 = ___

257 − 4 = ___   726 − 2 = ___

2.

7 − 4 = ___

57 − 4 = ___

257 − 4 = ___

3.

7 − 4 = ___ 3

57 − 4 = ___ 53

257 − 4 = 253

 Bei welchen Aufgaben hilft dir ?

Aufgabenkarten aus der 1. Stunde verwenden. 3. Partnerkontrolle vor dem Einkleben.

35

Eine Stelle ändert sich

1. 340 – 200

2.

3.

4. Welche Stelle ändert sich?

Welche Stelle musst du bei dieser Aufgabe besonders beachten?

Bis zum Hunderter

1.

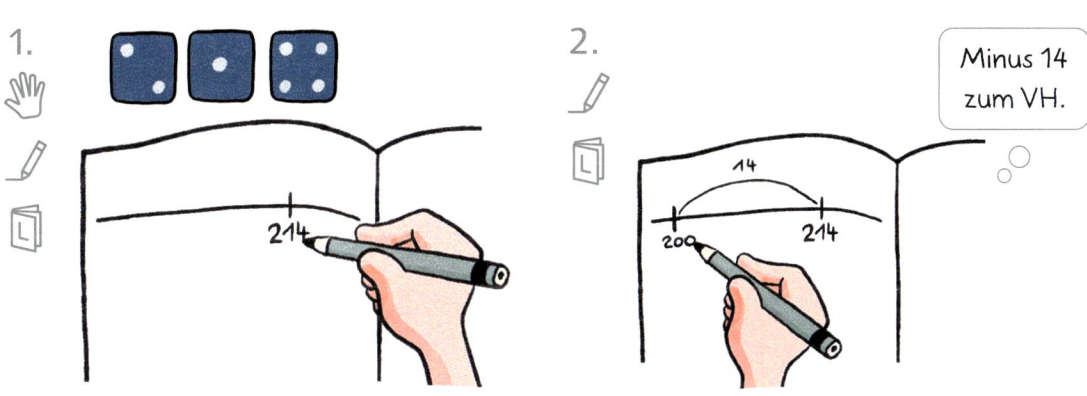

3.

214 − <u>14</u> = 200

 Wie hast du den VH der Zahl gefunden?

VH = Vorgänger-Hunderter

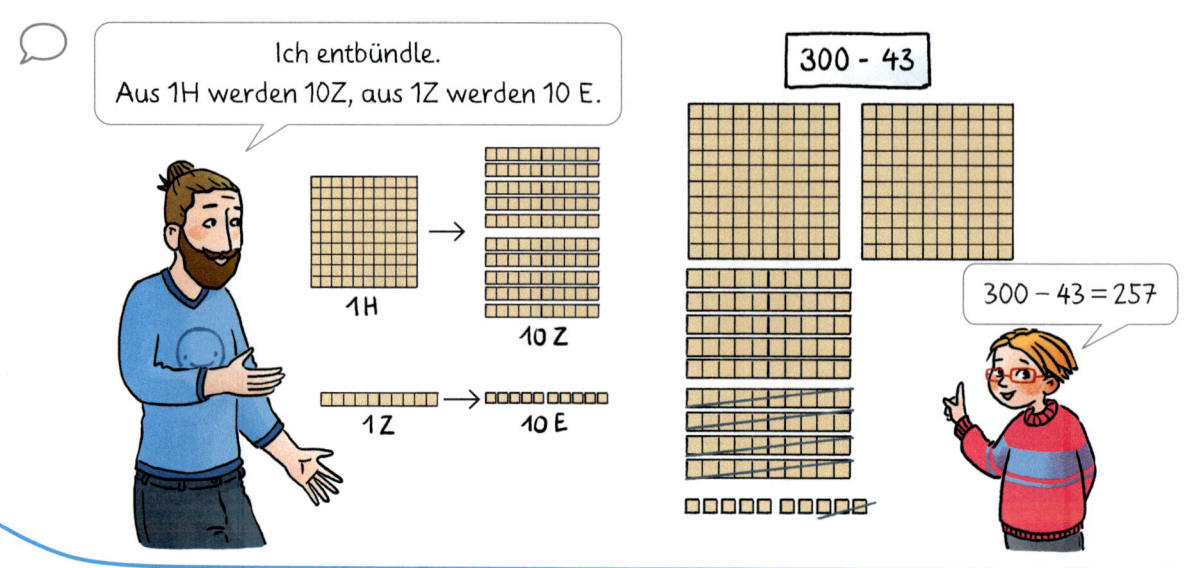

300 − 43

300 − 43 = 257

1. Ich muss entbündeln.

400 − 25 =

2. Ich wechsle 1 H in 10 Z.

400 − 25 =

3. Ich wechsle 1 Z in 10 E.

400 − 25 =

4. Dann minus 25.

400 − 25 = 375

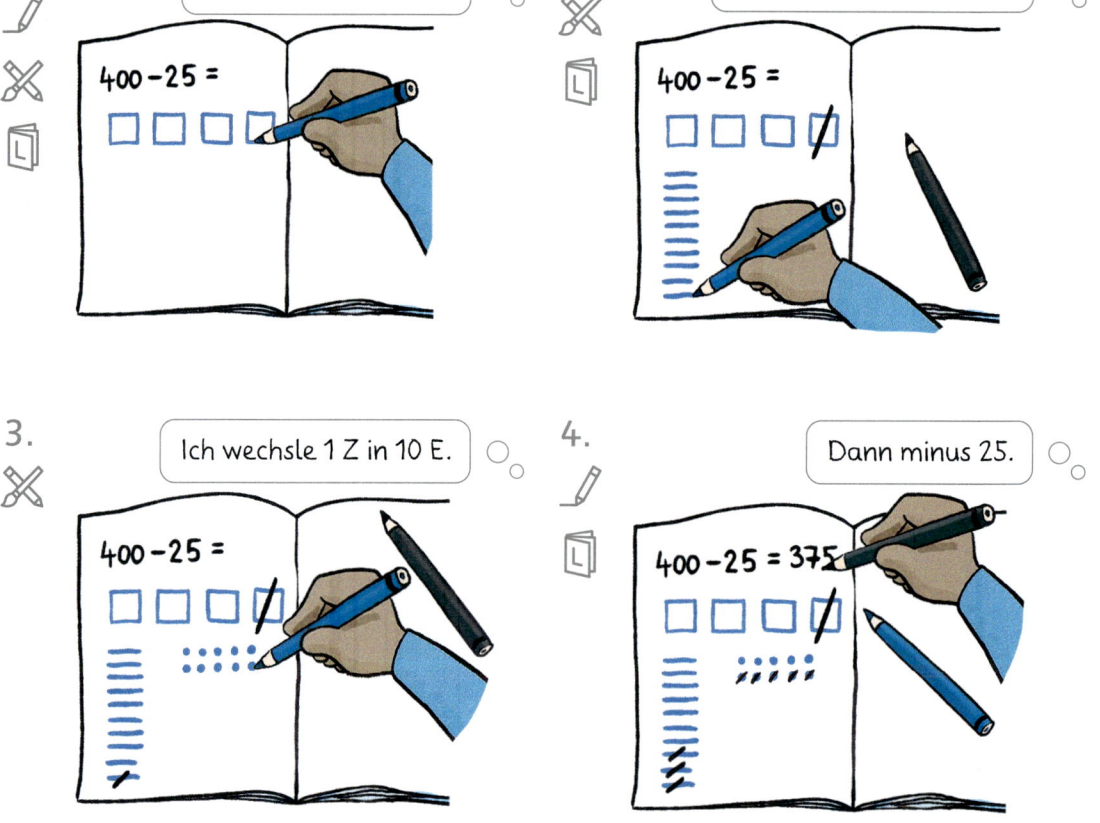

Wie hast du entbündelt? Wie hast du gerechnet?

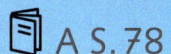

1.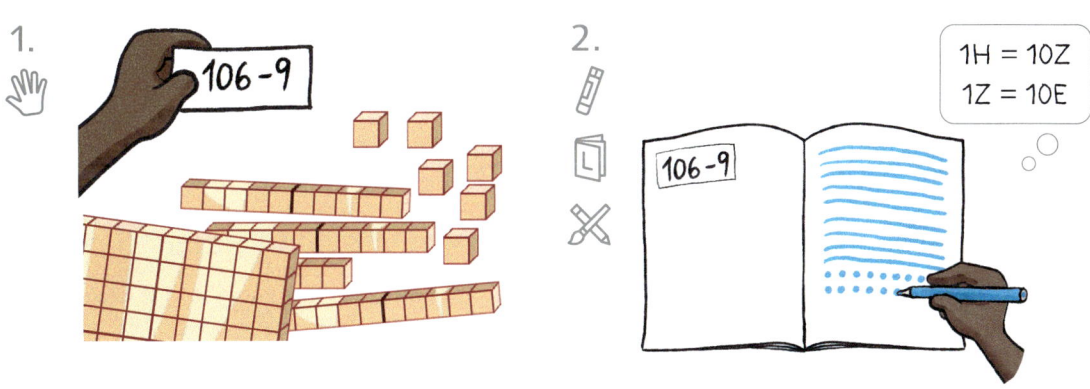

2.

3.

Wie rechnest du? Bei welchen Aufgaben hilft dir ?

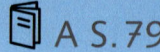

1.

2.

3.

4.

Wie kannst du einen Hunderter entbündeln?

$$354 - 199 = 155$$
$$354 - 200 = 154$$
$$154 + 1 = 155$$

$$218 - 101 = 117$$
$$218 - 100 = 118$$
$$118 - 1 = 117$$

1.

554 − 199
562 − 99
657 − 299   395 − 205   842 − 201

2.

554 − 199

3.

554 − 199
554 − 200 = 354

4.

554 − 199 = 355
554 − 200 = 354
354 + 1 = 355

 Bei welchen Aufgaben hilft dir ?

Erinnere dich an . Wie rechnest du?

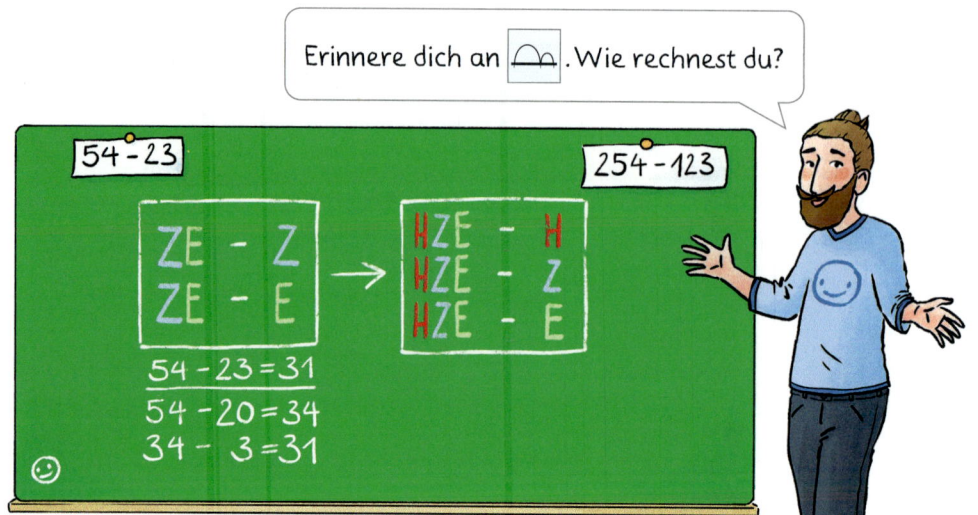

1.

2.

Wie rechne ich mit ?

3.

4.

 Bei welchen Aufgaben hilft dir ?

Nach Nr. 2 folgt eine Zwischenreflexion.

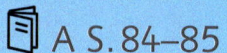 

1.

3.

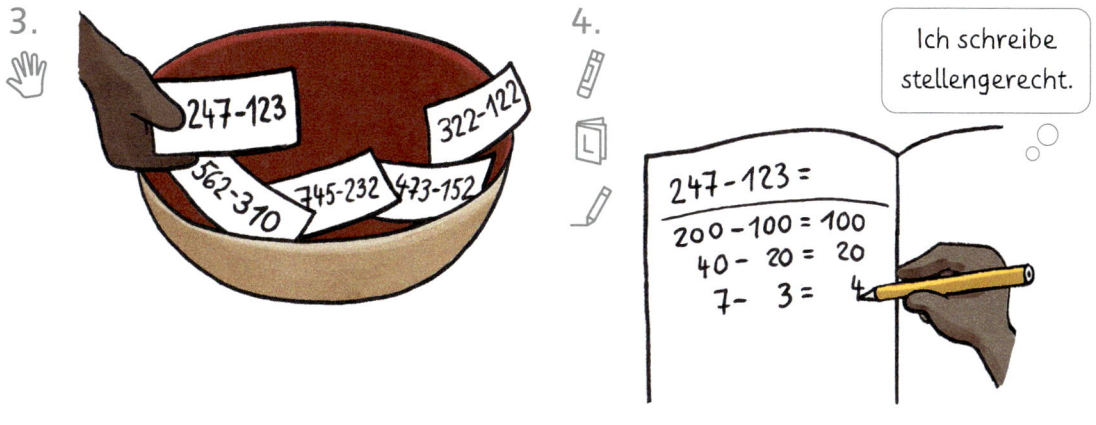

 Bei welchen Aufgaben hilft dir $\begin{smallmatrix}H-H\\Z-Z\\E-E\end{smallmatrix}$?

Nach Nr. 1 folgt eine Zwischenreflexion.

Abziehen ohne Übertrag

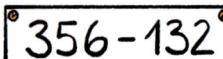 356 − 132

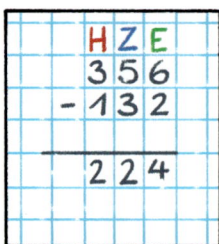

6E−2E=4E
5Z−3Z=2Z
3H−1H=2H

1.

487−231

2. 7E − 1E = ___

487−231

3. 8Z − 3Z = ___

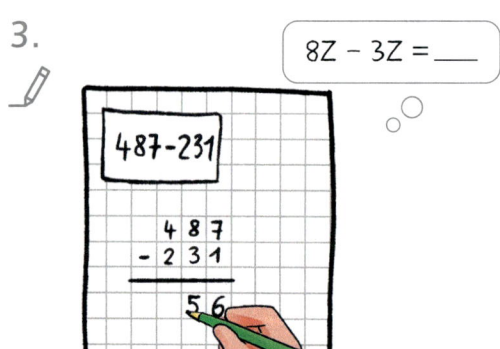

487−231

4. 4H − 2H = ___

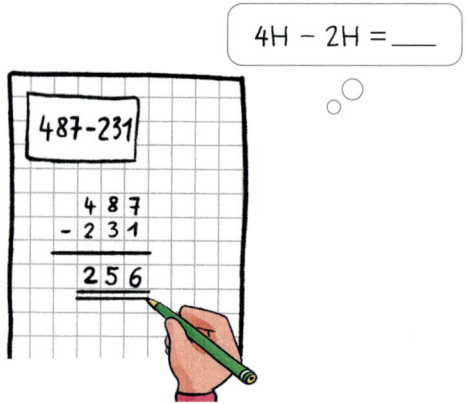

487−231

 Bei welchen Aufgaben hilft dir +/− ?

Ggf. nur das Abzieh- oder nur das Ergänzungsverfahren durchnehmen.

Abziehen mit Übertrag

A S. 88–89

6E minus 7E geht nicht.
Ich wechsle 1Z in 10E.
Dann rechne ich 16E minus 7E …

356 – 127

1.

656 – 238

2.   16E – 8E = ____

656 – 238

3.   4Z – 3Z = ____

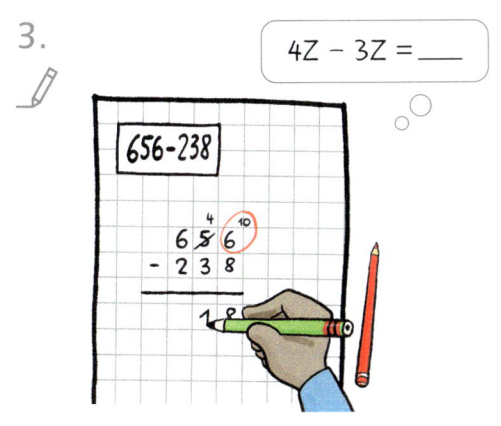

656 – 238

4.   6H – 2H = ____

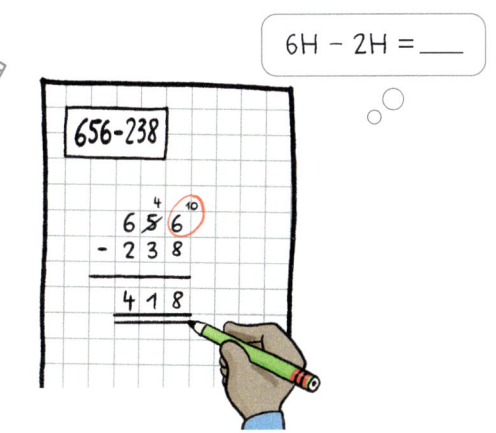

656 – 238

Bei welchen Aufgaben hilft dir $\boxed{+/-}$?

Ergänzen ohne Übertrag

Ich ergänze: Von 2E bis 5E sind es 3E.

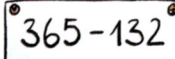

365 − 132

2E + ___ E = 5E

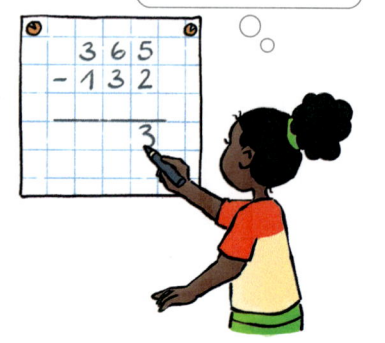

1.

477 − 231

2.

1E + ___ E = 7E

3.

3Z + ___ Z = 7Z

4.

2H + ___ H = 4H

Bei welchen Aufgaben hilft dir 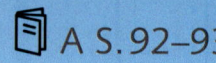 ?

A S. 94–95 · 612–201

7E bis 6E geht nicht.
Ich wechsle 1Z in 10E.
Jetzt ergänze ich
von 7E bis 16E.

$7E + \underline{} E = 16E$

1.

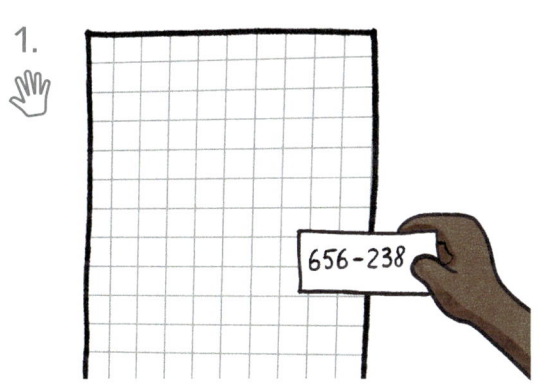

2. $8E + \underline{} E = 16E$

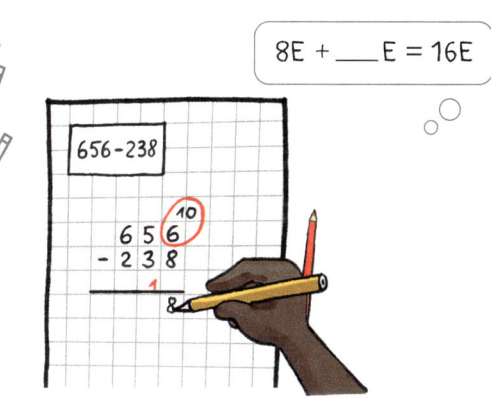

3. $4Z + \underline{} Z = 5Z$

4. $2H + \underline{} H = 6H$

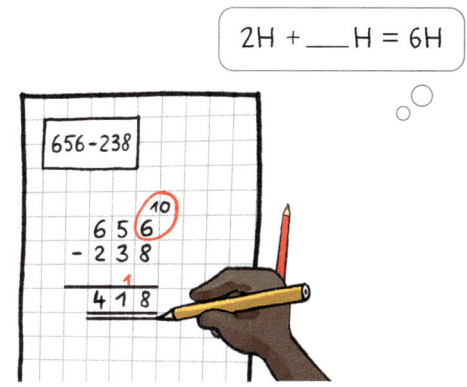

 Bei welchen Aufgaben hilft dir ☐ ?

1.

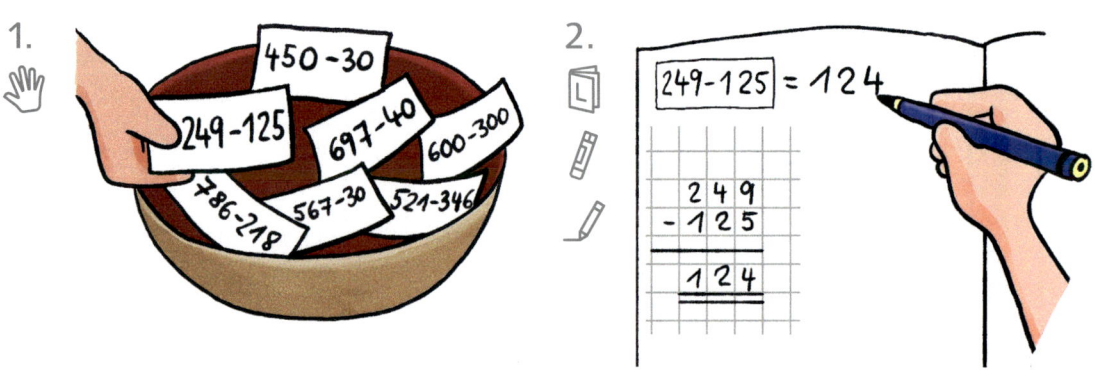

2.

3. Welchen Rechenweg muss ich noch üben?

4. Du erklärst den Rechenweg, ich filme.

Welche Rechenwege hast du genutzt?
Wie kannst du weiter üben?

Nach Nr. 2 folgt eine Zwischenreflexion.

Geld wechseln

A S. 100–101

Wie kannst du den Geldbetrag mit möglichst wenigen Scheinen/Münzen darstellen? Hast du Tipps?

Kommazahlen

📖 A S. 102–103

Der Strich trennt Euro und Cent. Hier setzt du das Komma.

Das sind ein Euro und fünfzig Cent – kurz: eins fünfzig.

---

1. 🖐

2.

		100 €	10 €
20	②②①		
	②②		

---

3. ✂ 🔍

Warum ist die Null wichtig?

100 €	10 €	1€	10 ct	1 ct	Betr...
	2	5	0	4	

4. ✏

€	10 €	1€	10 ct	1 ct	Betrag
	2	5	0	4	25,04 €

Wie schreibst du den Geldbetrag in Kommaschreibweise?
Ist die Null auch etwas wert?

Wie viel kostet der Einkauf?

Artikel	Preis
Skateboard	99,00 €
Sporthelm	59,99 €
Summe	€

Die Kommas müssen untereinander.

Ich addiere die Preise von Skateboard und Sporthelm.

1. Ich schreibe stellengerecht.

2.

3.

4.

Wie viel kosten die Gegenstände zusammen?
Wie berechnest du das Rückgeld?

Der Überschlag

A S. 106–107

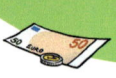

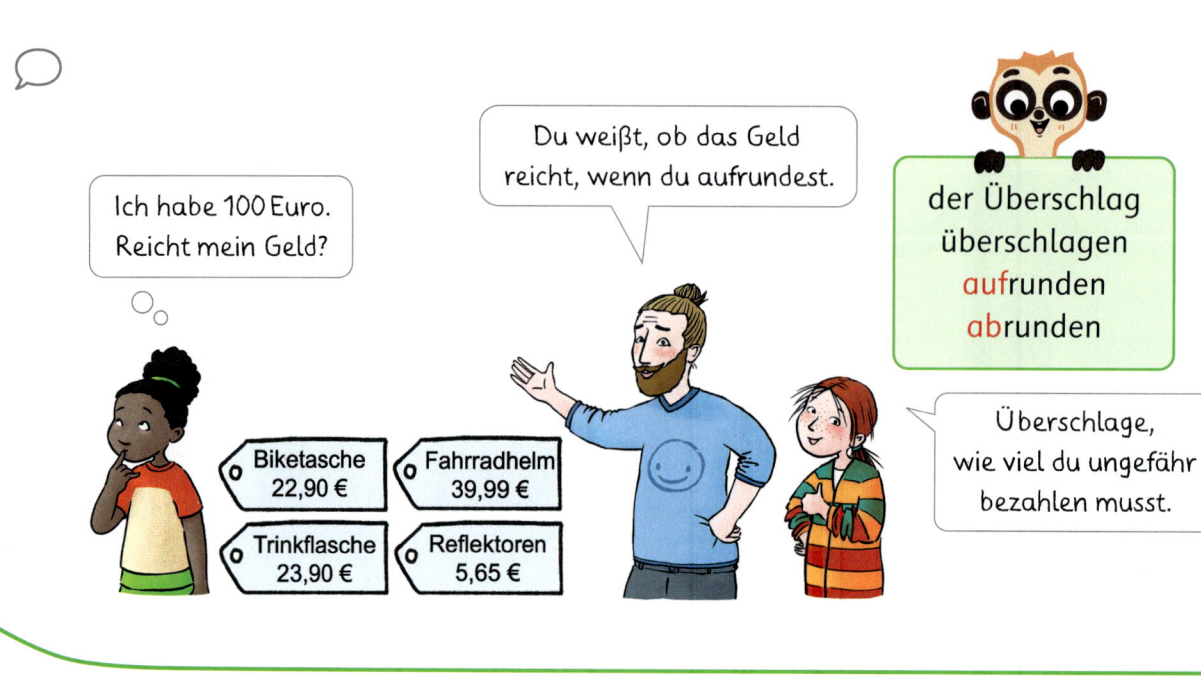

Ich habe 100 Euro. Reicht mein Geld?
Du weißt, ob das Geld reicht, wenn du aufrundest.
Überschlage, wie viel du ungefähr bezahlen musst.
Biketasche 22,90 €
Fahrradhelm 39,99 €
Trinkflasche 23,90 €
Reflektoren 5,65 €
der Überschlag
überschlagen
aufrunden
abrunden

1.

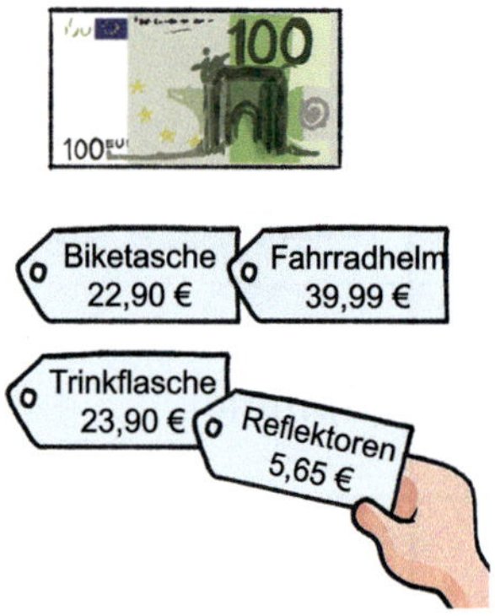
100
Biketasche 22,90 €
Fahrradhelm 39,99 €
Trinkflasche 23,90 €
Reflektoren 5,65 €

2.

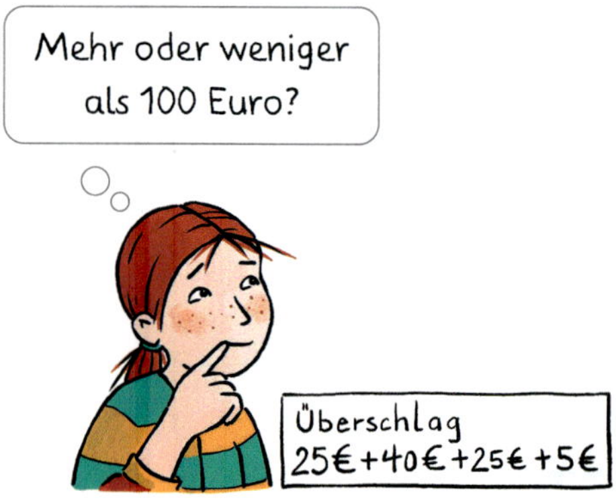
Mehr oder weniger als 100 Euro?
Überschlag
25€ + 40€ + 25€ + 5€

3.

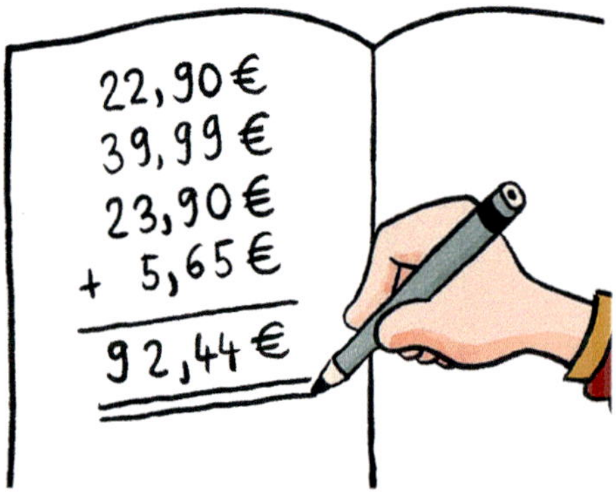
22,90 €
39,99 €
23,90 €
+ 5,65 €
92,44 €

4.

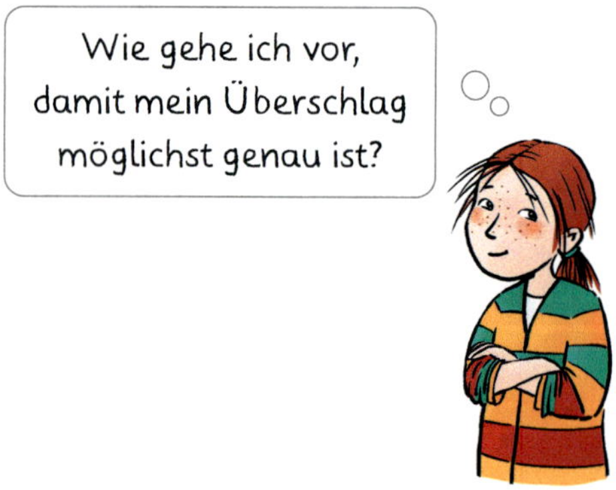
Wie gehe ich vor, damit mein Überschlag möglichst genau ist?

50,02 € - Mit welchem Überschlag rechnest du?
50,48 € - Mit welchem Überschlag rechnest du?

Codes ohne Wiederholung

A S. 108–109

1.

3.

 Wie findest du alle Kombinationen?

Das Baumdiagramm (I)

1.

2. Meine Entdeckung.

3. Was hast du entdeckt? Jeder Ast …

Was kannst du an einem Baumdiagramm ablesen?

Das Baumdiagramm (II)

A S. 111

1.

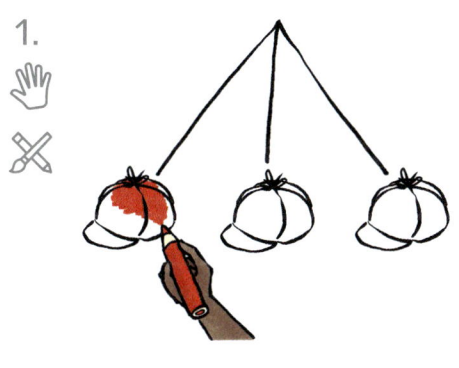

2.

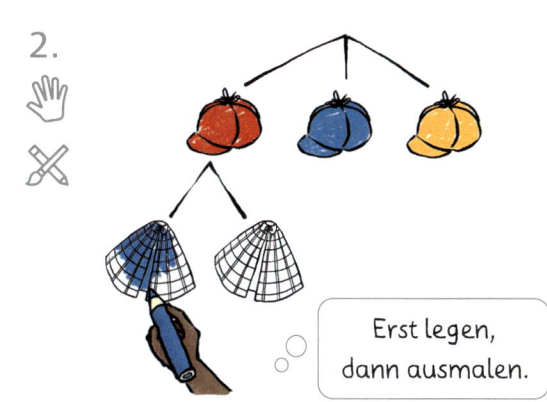

3.

4.

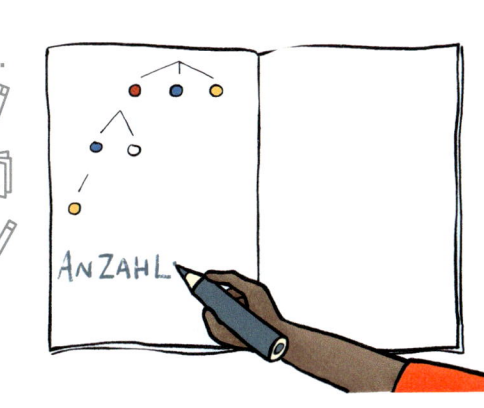

?! Wie hast du die Anzahl der möglichen Kombinationen ermittelt?

Codes mit Wiederholungen

A S. 112–113

1. 1, 2, 9 mit Wiederholung – wie sieht das Baumdiagramm aus?

2.

3. Haben wir alle Kombinationen gefunden?

Vergleiche mit dem Baumdiagramm aus der letzten Stunde.
Was ist gleich? Welche Unterschiede gibt es?

Malaufgaben im Punktebild

B S. 4–5 12·54

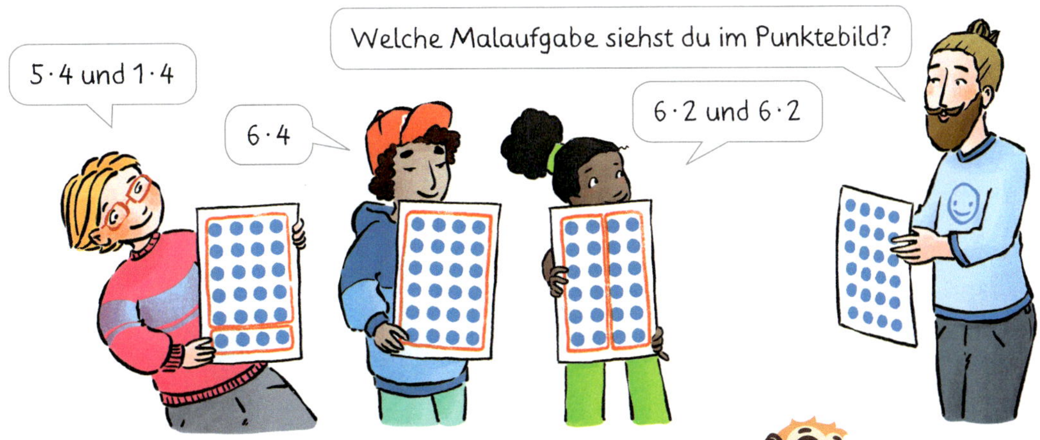

Welche Malaufgabe siehst du im Punktebild?
5 · 4 und 1 · 4
6 · 4
6 · 2 und 6 · 2

6	·	4	=	24
1. Faktor		2. Faktor		Produkt

1.

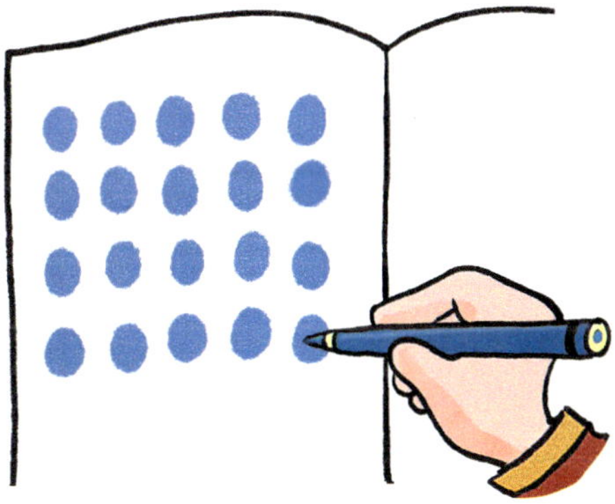

2.

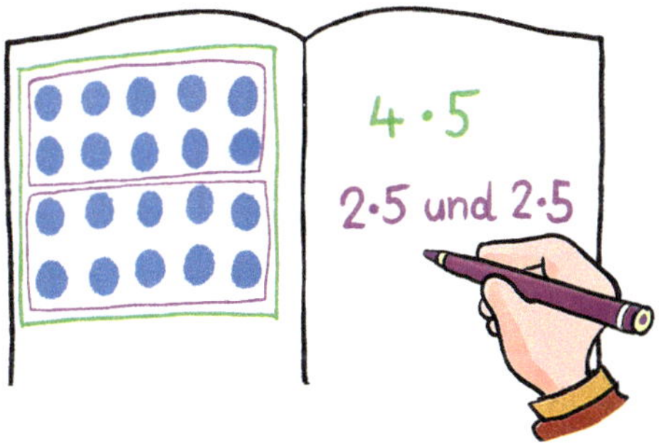

4 · 5
2·5 und 2·5

3.

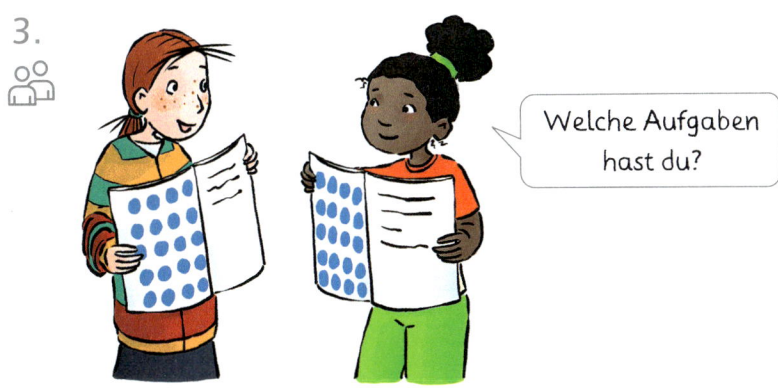

Welche Aufgaben hast du?

Passt die Aufgabe zum Punktebild? Warum?

2. Hinweis: Anwendung des Distributivgesetzes.

1. Welche Malaufgabe kann ich bilden?

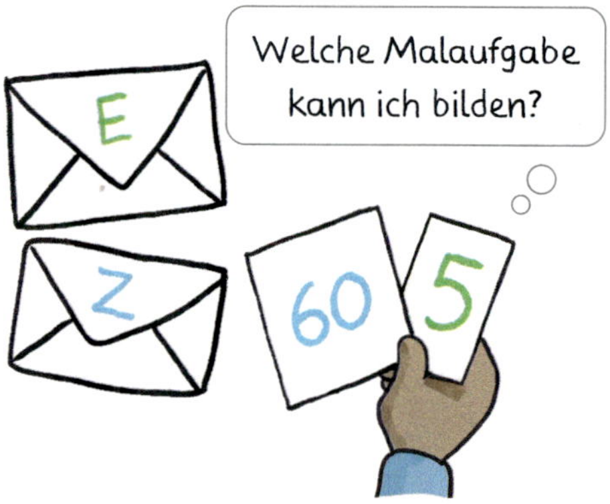

E Z 60 5

2. Welche Zwergenaufgabe hilft?

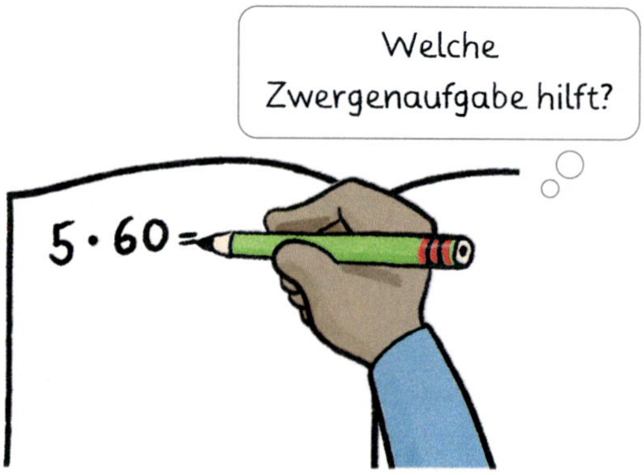

$5 \cdot 60 =$

3. Ich löse erst die Zwergenaufgabe.

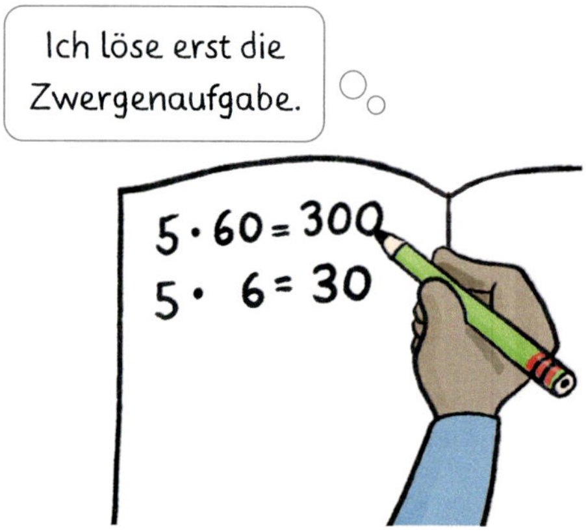

$5 \cdot 60 = 300$
$5 \cdot 6 = 30$

4. Was fällt mir an den Produkten auf?

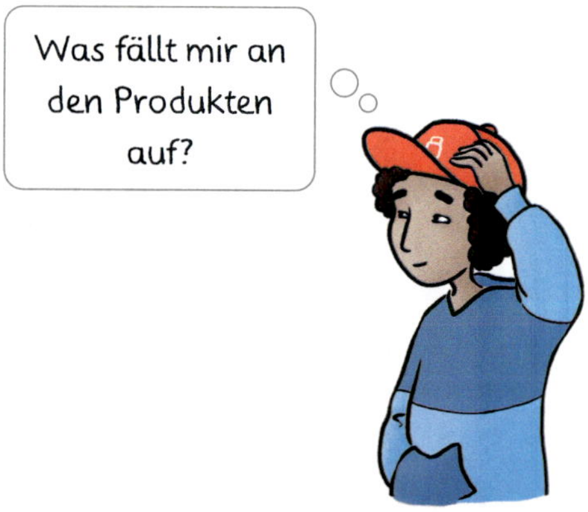

Welche Zwergenaufgabe hilft dir? Wie verändern sich die Faktoren?

Rechenwege verstehen

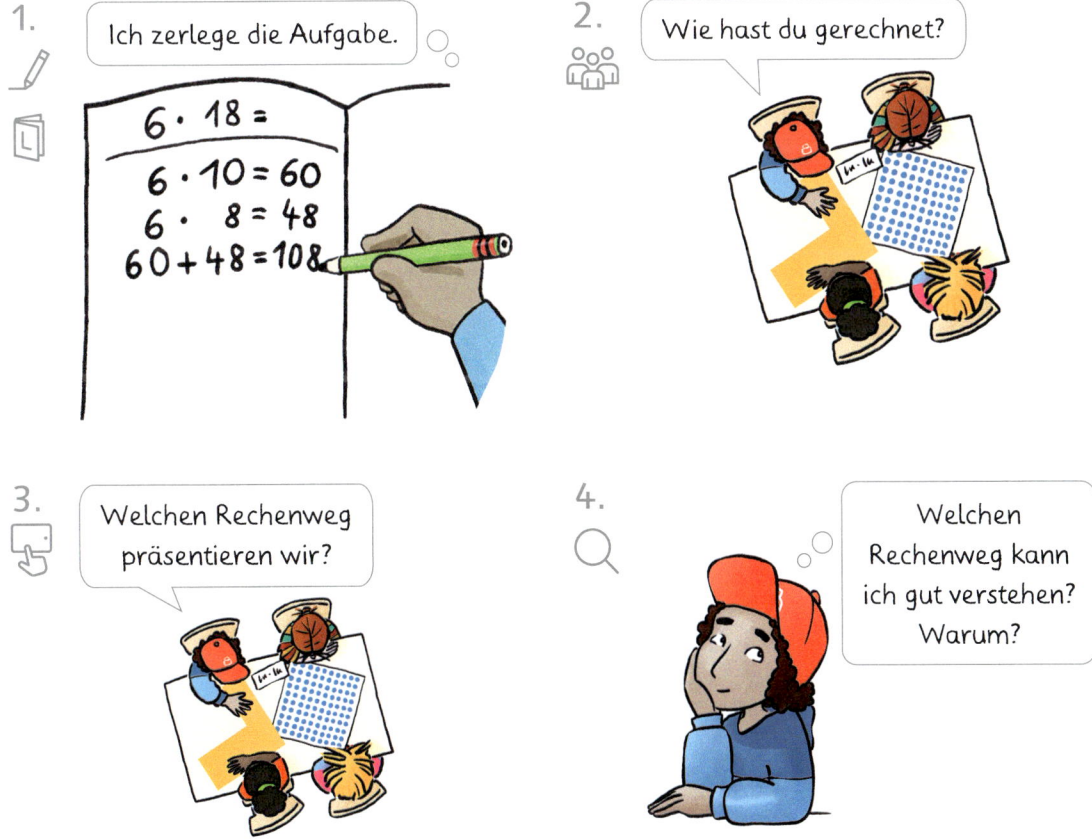

Wie löst du die Aufgabe?
Kannst du die Rechenwege der anderen gut nachvollziehen? Warum?

Stellenweise multiplizieren (I) 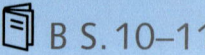 B S. 10–11

Wie multiplizierst du stellenweise?

Ich zerlege in 6·10 und 6·8.

6·18

Noas Rechenweg

6·18 = 108
6·10 = 60
6· 8 = 48
60 + 48 = 108

Dann addierst du beide Ergebnisse.

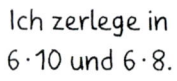

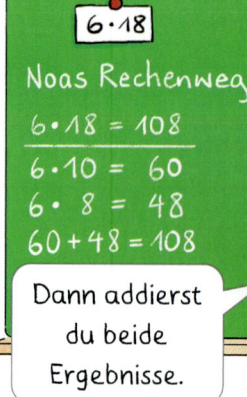

1.

2. 7 mal 13.

3.

Ich zerlege: 7·10 und 7·3

7·13

4.

7 · 13 =
7 · 10 = 70
7 · 3 = 21
70 + 21 = 91

 Bei welchen Aufgaben hilft dir ?

Wie multiplizierst du im Malkreuz?

Ich multipliziere Zehner und Einer getrennt.

das Malkreuz

6·18

Amaris Rechnung

·	10	8
6	60	48

108

$6 \cdot 10 = 60$
$6 \cdot 8 = 48$
$60 + 48 = 108$

1.

8·20
7·13   5·31   7·19
9·29   7·23

2. $7 \cdot 10 = 70$

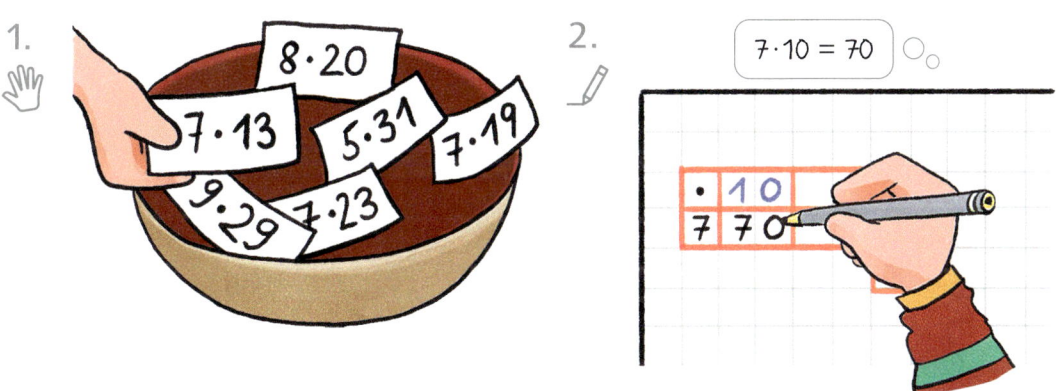

·	10
7	70

---

3. $7 \cdot 3 = 21$

·	10	3
7	70	21

4. $70 + 21 = 91$

·	10	3
7	70	21

91

Wie kannst du die Aufgabe zerlegen?
Wo trägst du die Z/E im Malkreuz ein? Welche Teilergebnisse erhältst du?

6•18 ist schwer. Finde eine einfache Aufgabe, die in der Nähe liegt.

1.  Welche Aufgabe liegt in der Nähe und kann mir bei der Lösung helfen?

7·19

2. Ich weiß: 7·20 = 140

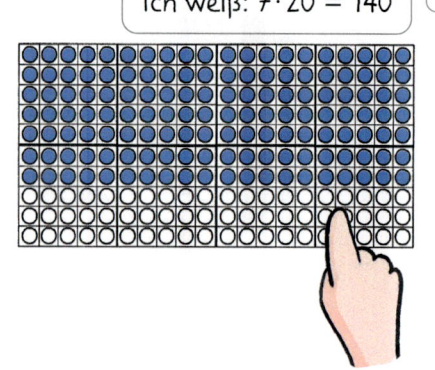

3. 7·19 ist 7·1 weniger.

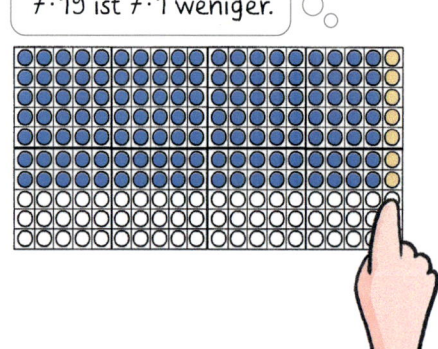

4. 7·19 = 133

7·20 = 140
7· 1 =   7
140 - 7 = 133

 Bei welchen Aufgaben hilft dir ?

Alle Rechenwege

1.

2.

3.

4.

Welche Rechenwege hast du genutzt?
Wie kannst du weiter üben?

Nach Nr. 2 folgt eine Zwischenreflexion. Anschließend Stationsarbeit.

63

Quartett

B S. 18

Aus welchen vier Darstellungen besteht ein Quartett?

Musterpakete

Was verändert sich: Der 1. Faktor?
Der 2. Faktor? Das Produkt? Beschreibe.

$$3 \cdot 10 = 30$$
$$3 \cdot 20 = 60$$
$$3 \cdot 30 = 90$$
$$3 \cdot 40 = 120$$
$$3 \cdot 50 = 150$$

Der 1. Faktor
bleibt …

1.

$$5 \cdot 11 =$$
$$6 \cdot 11 =$$
$$7 \cdot 11 =$$
$$8 \cdot 11 =$$

2.

$$5 \cdot 11 = 55$$
$$6 \cdot 11 = 66$$
$$7 \cdot 11 = 77$$
$$8 \cdot 11 = 88$$

3.

Das Ergebnis wird immer um …

$$5 \cdot 11 = 55$$
$$6 \cdot 11 = 66$$
$$7 \cdot 11 = 77$$
$$8 \cdot 11 = 88$$

4.

Unsere Entdeckungen.

$$5 \cdot 11 = 55$$
$$6 \cdot 11 = 66$$
$$7 \cdot 11 = 77$$
$$8 \cdot 11 = 88$$

$$4 \cdot 23 = 92$$
$$4 \cdot 24 = 96$$
$$4 \cdot 25 = 100$$
$$4 \cdot 26 = 104$$

Welches Muster erkennst du? Wie markierst du deine Entdeckungen?
Hat dein Partnerkind die gleichen Entdeckungen gemacht?

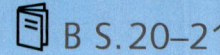

Zerlege beide Faktoren.
Bilde kleinere Aufgaben.

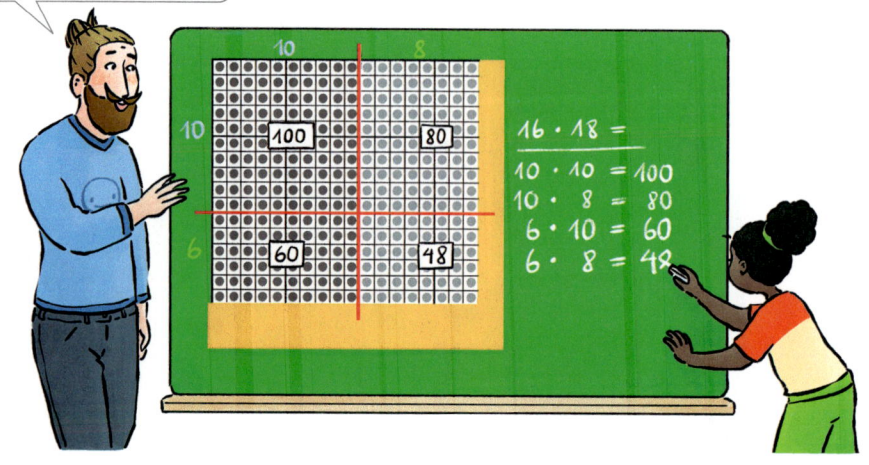

16 · 18 =
10 · 10 = 100
10 · 8 = 80
6 · 10 = 60
6 · 8 = 48

1.

2. Ich bilde zwei Faktoren.

3. Ich zerlege.

4. Ich rechne im Malkreuz.

13 · 27 = 351
10 · 20 = 200
3 · 20 = 60
10 · 7 = 70
3 · 7 = 21
200 + 60 + 70 + 21 = 351

?! Wie viele Teilaufgaben hast du notiert? Wie heißen die Teilaufgaben?

3. SuS können entweder mit den Zehnern oder mit den Einern des 1. Faktors beginnen und diese mit den Zehnern oder Einern des 2. Faktors multiplizieren.

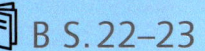

Wie rechnet Ella?

Ich zerlege den 2. Faktor und rechne in Schritten.

Ellas Rechenweg

$16 \cdot 18 =$
$16 \cdot 10 = 160$
$16 \cdot 8 = 128$
$160 + 128 = 288$

$16 \cdot 10 \qquad 16 \cdot 8$
0 \qquad 160 \qquad 288

1.

$13 \cdot 21$

2.

$13 \cdot 21 =$
$13 \cdot 20 = 260$

3.

$13 \cdot 21 =$
$13 \cdot 20 = 260$
$13 \cdot 1 = 13$

4.

$13 \cdot 21 = 273$
$13 \cdot 20 = 260$
$13 \cdot 1 = 13$
$260 + 13 = 273$

Wie viele Teilaufgaben musst du beim Rechenweg notieren?
Wie heißen die Teilaufgaben?

 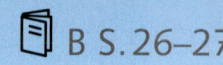
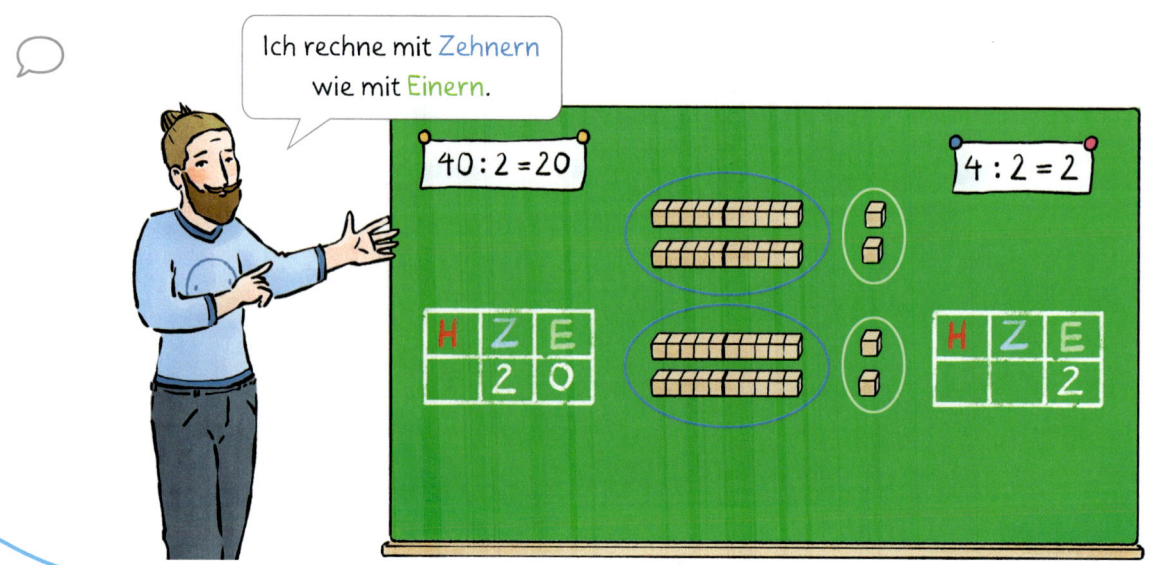

Ich rechne mit Zehnern wie mit Einern.

$40 : 2 = 20$

$4 : 2 = 2$

1.

2.

3.

 Warum bilden die Aufgaben ein Paar?
Wie kannst du eine Riesenaufgabe im Kopf lösen?

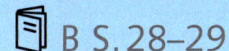

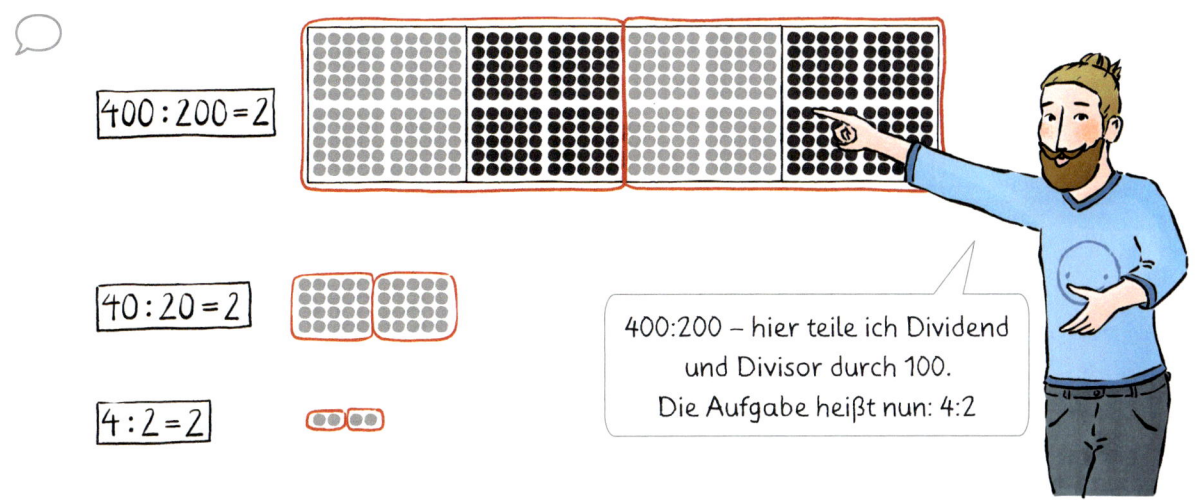

$400:200=2$

$40:20=2$

$4:2=2$

400:200 – hier teile ich Dividend
und Divisor durch 100.
Die Aufgabe heißt nun: 4:2

1.

$900:300$
$90:30$
$9:3$

Ich teile auf beiden Seiten durch die
gleiche Zahl: bei 900:300 durch 100,
bei 90:30 durch 10.
Dann bleibt die Zwergenaufgabe.

2.

$900:300=3$
$90:30=3$
$9:3=3$

3.

Welche Nullen
kann ich bei
900:30 kürzen?

 Wann kannst du Nullen kürzen? Warum?
Durch welche Zahl kannst du Dividend und Divisor teilen?

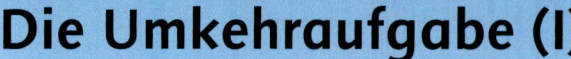

$240 : 60 = \square$

$\square \cdot 60 = 240$

Hilft dir die Umkehraufgabe beim Lösen?

1.

200 : 4

2.

200 : 4 =

___ · 4 = 200

3.

200 : 4 =

50

4.

200 : 4 = 50

50 · 4 = 200

 Fällt es dir leichter, zuerst die Multiplikationsaufgabe zu lösen?

Die Umkehraufgabe (II)

Stimmt meine Rechnung? Mache die Probe.

$720 : 80 = \quad 8 \; \boxed{\times}$

$8 \cdot 80 = 640$

Dividend und Produkt sind nicht gleich. Also falsch gerechnet.

1.

$320 : 4 = 60 \; \square$

2.

$320 : 4 = 60 \; \square$

$60 \cdot 4 = 240$

3.

$320 : 4 = 60 \; \boxed{\times}$

$60 \cdot 4 = 240$

4.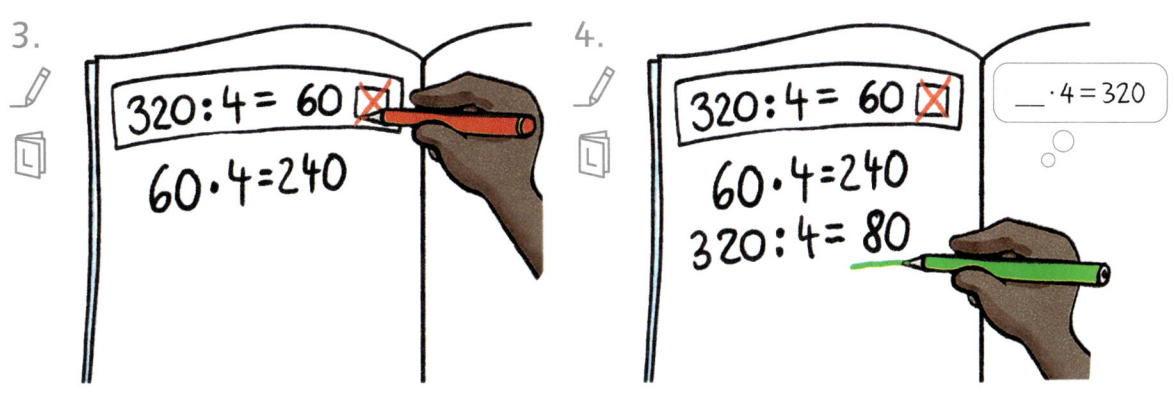

$320 : 4 = 60 \; \boxed{\times}$

$60 \cdot 4 = 240$

$320 : 4 = 80$

$\underline{\quad} \cdot 4 = 320$

 Wie kannst du deine Rechnung mit der Probe überprüfen?

Vielfache

Die Ergebnisse der Reihe mit 2 sind die Vielfachen von 2.

Vielfache von 2 können auch größer als 20 sein.

Und wie heißen die Vielfachen von 20?

das Vielfache

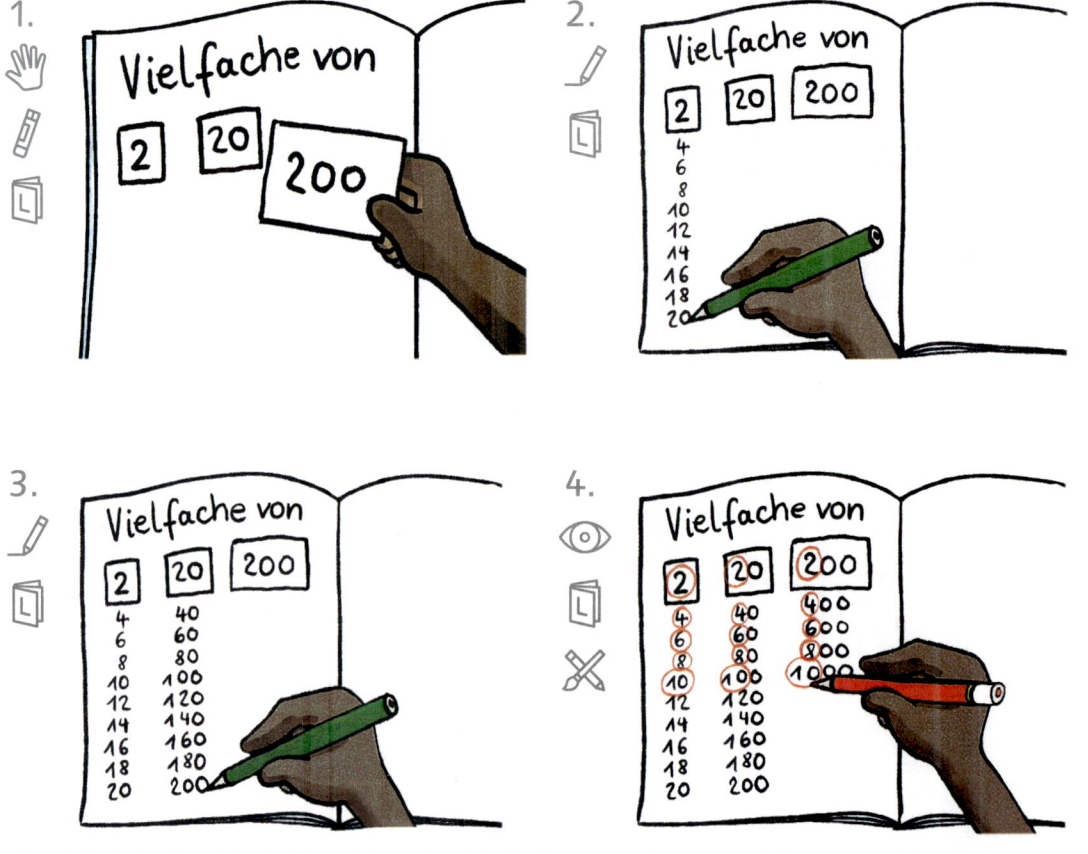

1. Vielfache von 2 20 200

2. Vielfache von 2 20 200
4
6
8
10
12
14
16
18
20

3. Vielfache von 2 20 200
4   40
6   60
8   80
10   100
12   120
14   140
16   160
18   180
20   200

4. Vielfache von 2 20 200
4   40   400
6   60   600
8   80   800
10   100   1000
12   120
14   140
16   160
18   180
20   200

Vielfache von Einern/Zehnern/Hundertern – vergleiche die Ergebnisse. Was fällt dir auf?

Teiler

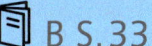

Teiler einer Zahl sind alle Zahlen, durch die ich diese ohne Rest teilen kann.

Die Teiler von 28 sind 1, 2, 4 …

Welche Teiler hat 280?

der Teiler

1. Welche Teiler hat 12, welche 120?

2. Teiler von

3. Teiler von

4. Teiler von

Was ist dir aufgefallen?
Findest du weitere Teiler?

3. Aufgaben zu den Teilern der großen Zahl im Heft notieren.

73

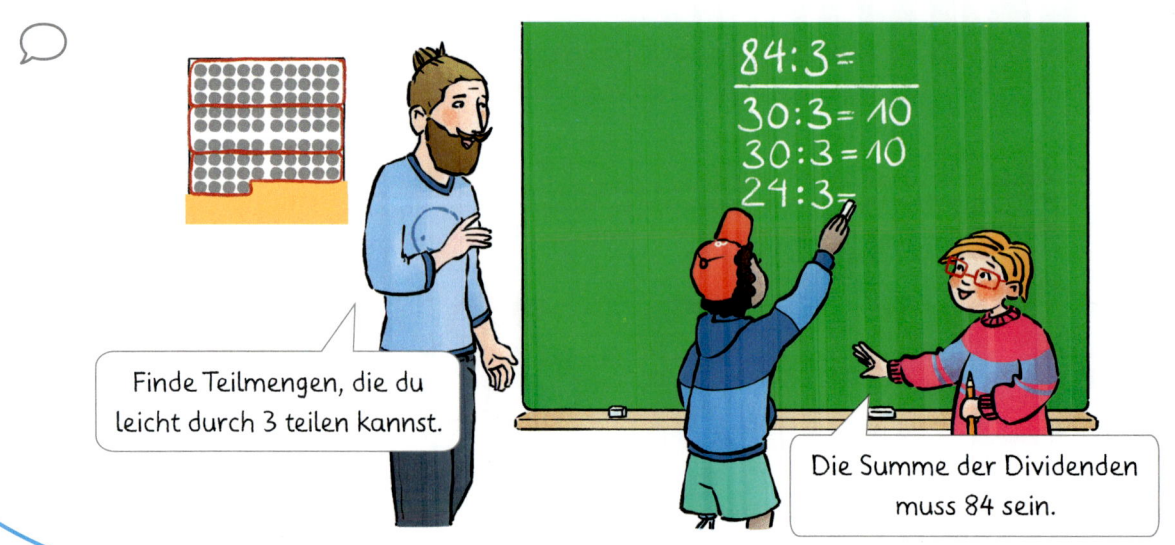

Schrittweise ohne Rest

B S. 34–35

84:3=
30:3=10
30:3=10
24:3=
Finde Teilmengen, die du leicht durch 3 teilen kannst.
Die Summe der Dividenden muss 84 sein.

1.

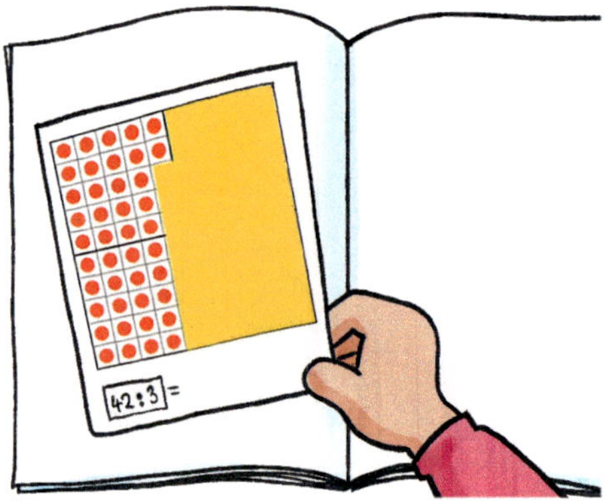
42:3 =

2.

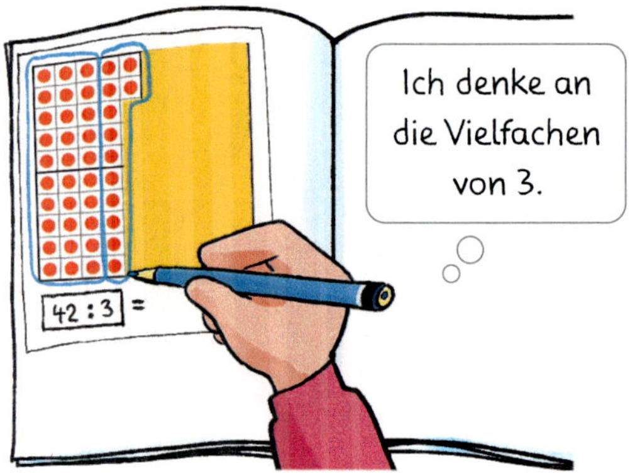
42:3 =
Ich denke an die Vielfachen von 3.

3.

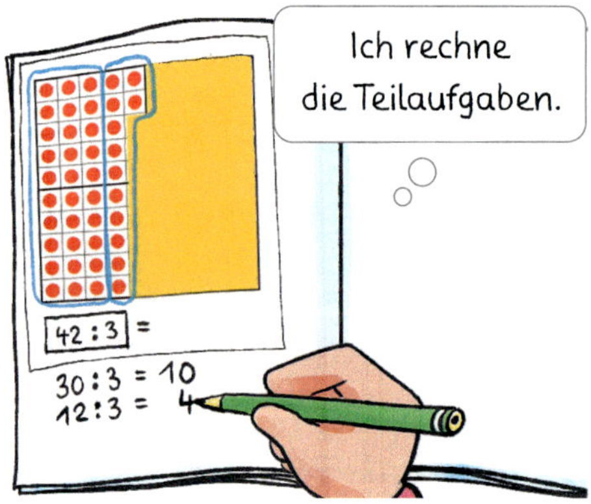
Ich rechne die Teilaufgaben.
42:3 =
30:3 = 10
12:3 = 4

4.

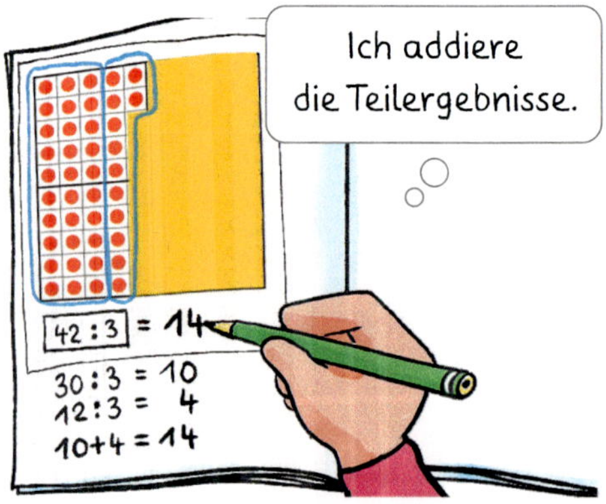
Ich addiere die Teilergebnisse.
42:3 = 14
30:3 = 10
12:3 = 4
10+4 = 14

In welche Teilaufgaben hast du die Aufgabe zerlegt?
Wie gehst du vor, um möglichst wenig Teilaufgaben zu rechnen?

Schrittweise mit Rest

B S. 36–37

136:8

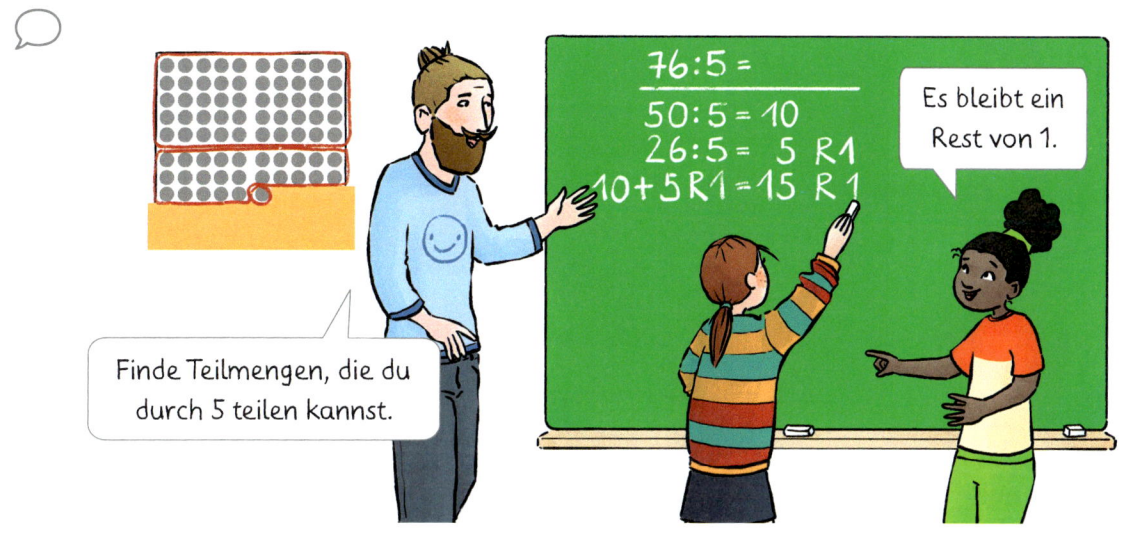

76 : 5 =
50 : 5 = 10
26 : 5 = 5 R1
10 + 5 R1 = 15 R1
Es bleibt ein Rest von 1.
Finde Teilmengen, die du durch 5 teilen kannst.

1.

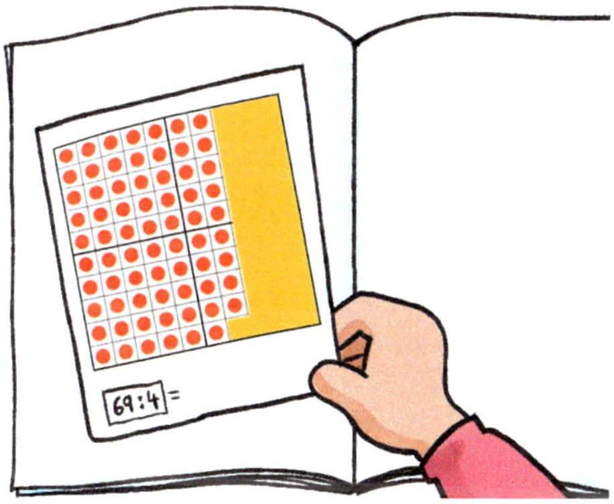

69 : 4 =

2.

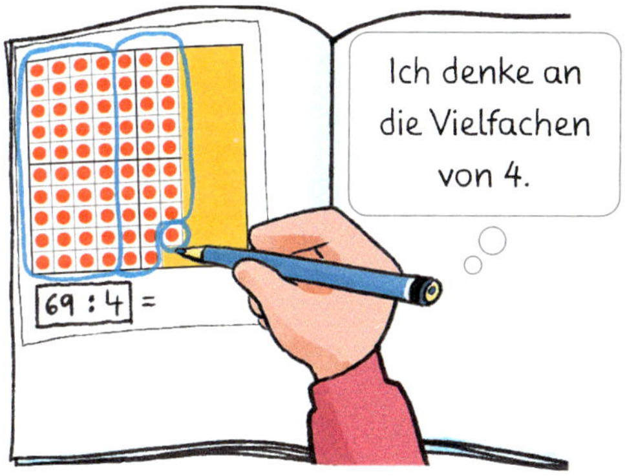

69 : 4 =
Ich denke an die Vielfachen von 4.

3.

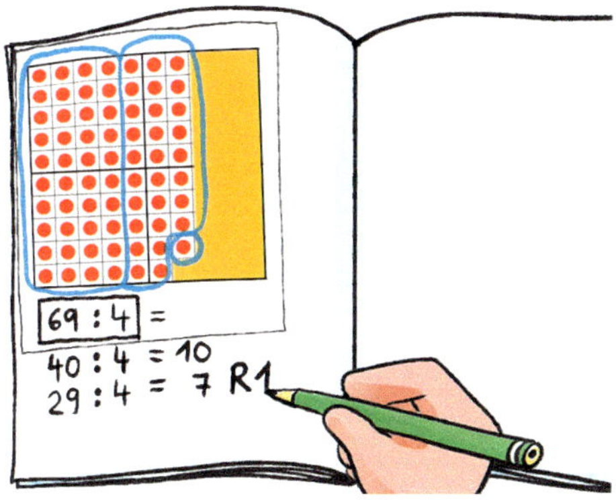

69 : 4 =
40 : 4 = 10
29 : 4 = 7 R1

4.

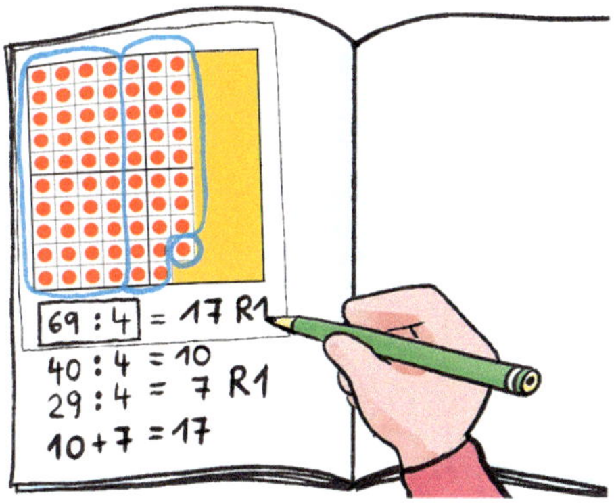

69 : 4 = 17 R1
40 : 4 = 10
29 : 4 = 7 R1
10 + 7 = 17

Wie gehst du vor, um möglichst wenig Teilaufgaben zu erhalten?
Der Rest kann nicht größer als der Divisor sein. Warum?

56 : 4

56 : 4 = 14
40 : 4 = 10
16 : 4 = 4
10 + 4 = 14

14 · 4 = 56
10 · 4 = 40
4 · 4 = 16
40 + 16 = 56

Ich löse in Schritten.

Ich mache die Probe.

Nutze die Umkehraufgaben als Probe.

1.

42 : 2 = ___

2.

42 : 2 = ___

42 : 2 =
40 : 2 = 20
2 : 2 = 1
20 + 1 = 21

3.

42 : 2 = 21

42 : 2 = 21
40 : 2 = 20
2 : 2 = 1
20 + 1 = 21

21 · 2 = 42
20 · 2 = 40
1 · 2 = 2
40 + 2 = 42

⁇! Wie hast du gerechnet? Welche Teilaufgaben hast du genutzt?
Wie hast du dein Ergebnis überprüft?

Die Hilfsaufgabe

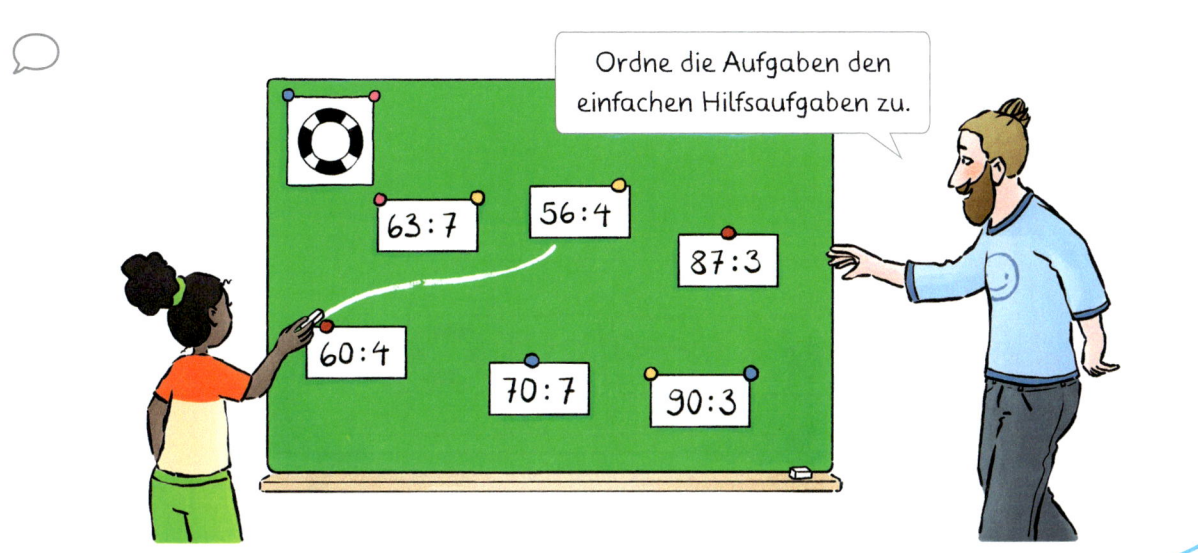

Ordne die Aufgaben den einfachen Hilfsaufgaben zu.

63:7   56:4   87:3   60:4   70:7   90:3

1.

Welche einfache Aufgabe liegt in der Nähe und kann mir helfen?

76 : 4

2.

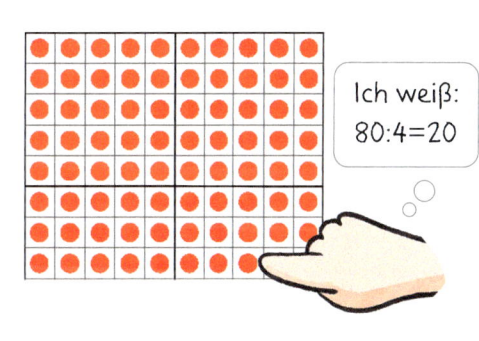

Ich weiß: 80:4=20

3.

76 ist genau 4 weniger als 80.

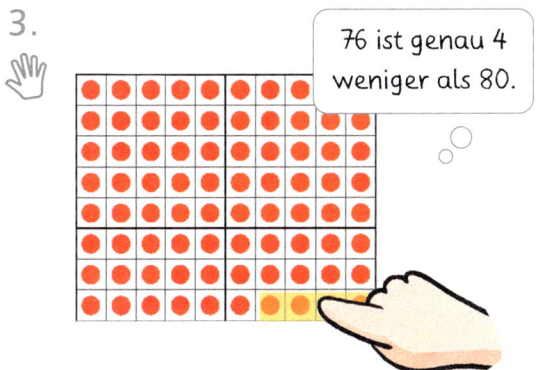

4.

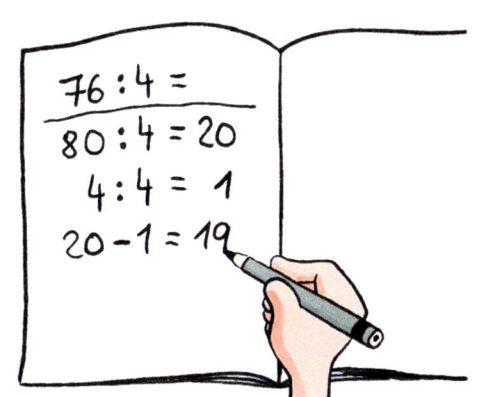

$$76:4 =$$
$$80:4 = 20$$
$$4:4 = 1$$
$$20-1 = 19$$

 Bei welchen Aufgaben hilft dir ?

1.

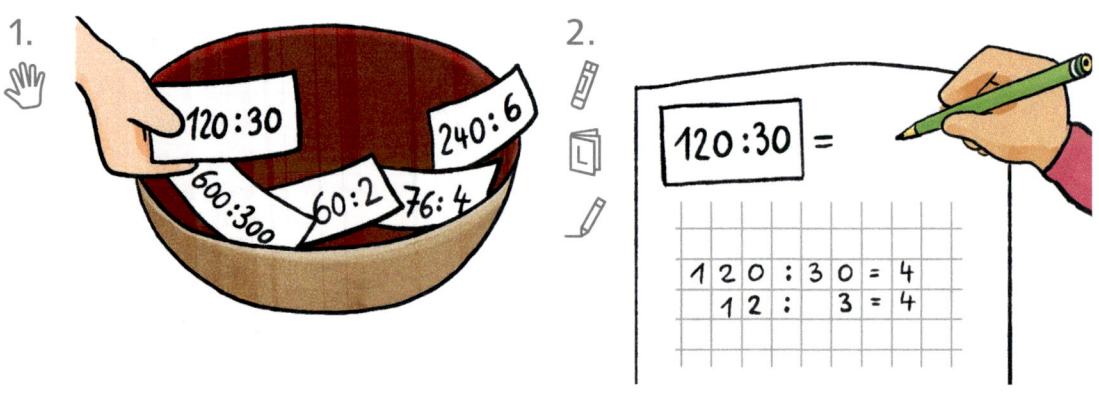

2.

3.

4.

Welche Rechenwege hast du genutzt?
Wie kannst du weiter üben?

Nach Nr. 3 folgt eine Zwischenreflexion.

Symmetrie in der Umwelt

Ich falte oder prüfe mit dem Spiegel.

Ist das Haus symmetrisch?

symmetrisch

unsymmetrisch

die Symmetrie
symmetrisch
die Symmetrieachse
achsensymmetrisch

1. Ich stehe beim Fotografieren frontal vor dem Gegenstand.

2. Hier ist die Symmetrieachse.

3.

4. Warum ist etwas symmetrisch?

Welchen Sinn hat Symmetrie hier? Was wäre, wenn der Basketballkorb unsymmetrisch wäre? Wo hast du in deiner Umwelt Symmetrie gefunden?

1. Ich vermute …

2. Ich falte und prüfe: Faltkante = Symmetrieachse.

3.

4. Warum ist es unsymmetrisch, obwohl beim Falten beide Seiten deckungsgleich sind?

 Kannst du Symmetrie durch Falten beweisen?
 Hast du mehr als eine Symmetrieachse entdeckt?

Spiegeln (I)

B S.52
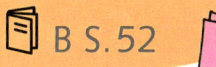

Ich kann an der senkrechten, waagerechten oder diagonalen Symmetrieachse spiegeln.

senkrecht   waagerecht   diagonal

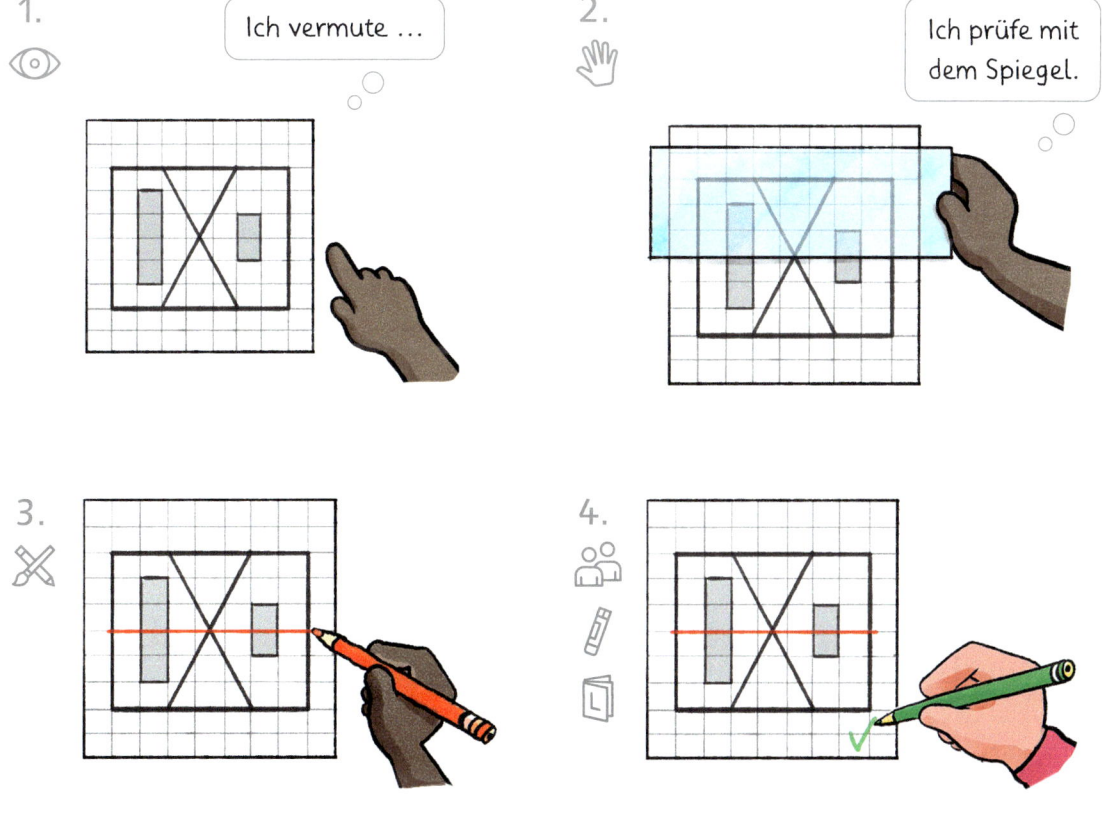

1.

Ich vermute …

2.

Ich prüfe mit dem Spiegel.

3.

4.

Wann nutzt du Falten und wann den Spiegel, um Symmetrie zu beweisen?

Ich erweitere die Figur mit dem Spiegel.

Dann zähle ich die Kästchen.

Nun zeichne ich die Eckpunkte.

Am Ende verbinde ich die punkte mit dem Lineal.

1.

2.

3.

Ich prüfe die Figur meines Partnerkindes mit dem Spiegel.

Ist es dir leicht-/schwergefallen? Warum?
Hast du Tipps?

Die Drehsymmetrie

Was bedeutet Drehsymmetrie?

Es gibt einen Drehpunkt.

Beim Drehen bleibt die Figur unverändert.

die Drehsymmetrie
drehsymmetrisch
der Drehpunkt

1.

Form oben links an den Drehpunkt legen. Umranden.

2.

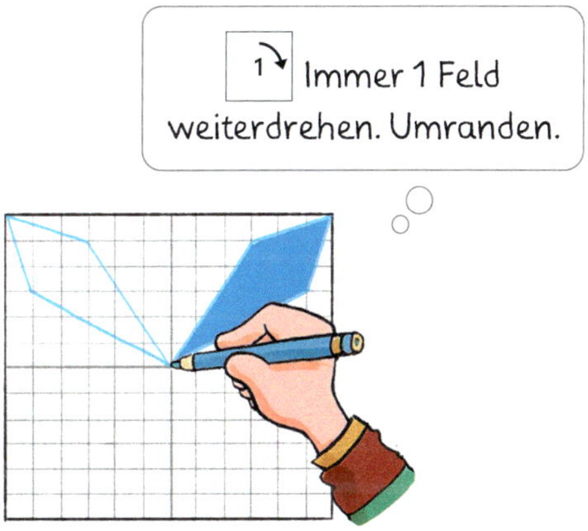

1 ↘ Immer 1 Feld weiterdrehen. Umranden.

3.

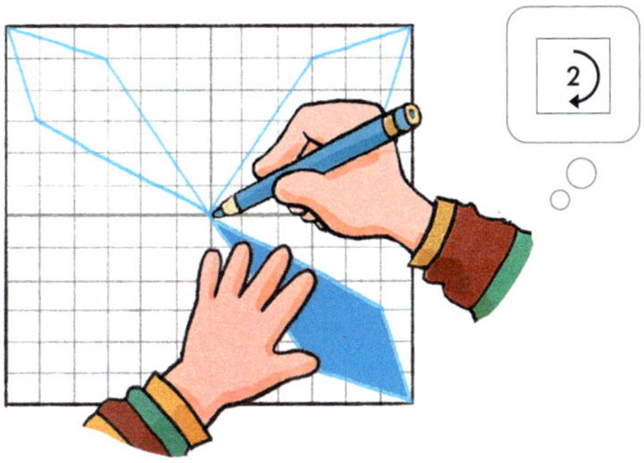

2 ↻

4.

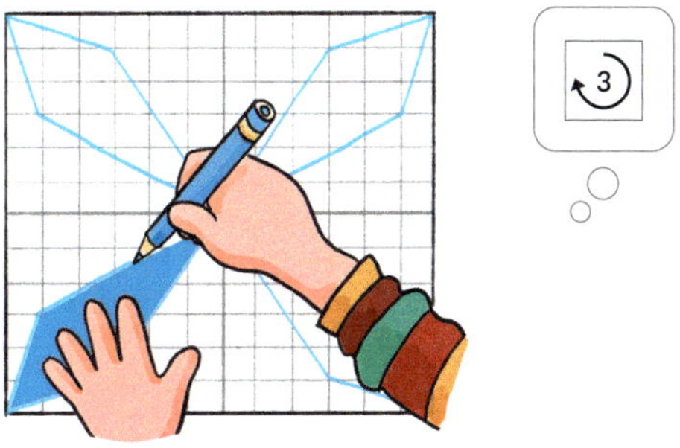

3 ↻

Wo findest du Drehsymmetrie in der Umwelt?

Wie verändert der Doppelspiegel das Spiegelbild?

der Doppelspiegel

1.
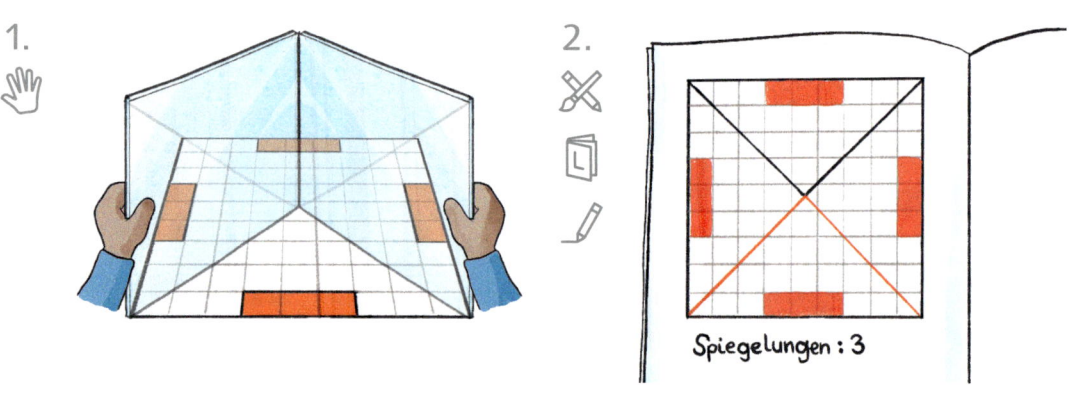

2.
Spiegelungen : 3

3.
Ich ziehe den Spiegel weiter auseinander.

4.
Spiegelungen : 3   Spiegelungen : 2

Wie verändert sich das Bild, wenn der Doppelspiegel weiter auseinander/ enger zusammen steht? Wie erhältst du möglichst viele Spiegelbilder?

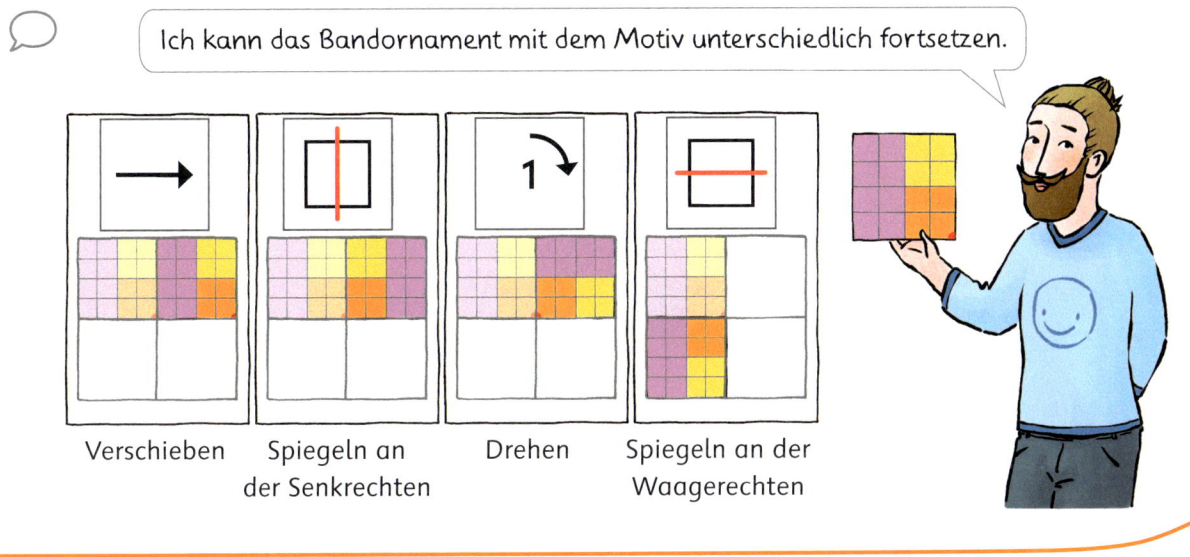

Ich kann das Bandornament mit dem Motiv unterschiedlich fortsetzen.

| Verschieben | Spiegeln an der Senkrechten | Drehen | Spiegeln an der Waagerechten |

1.

Ich lege in der Schablone, dann füge ich es im Muster an.

2.

3.

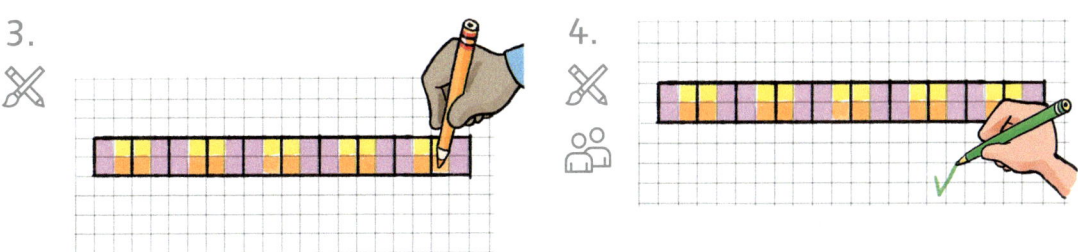

4.

 Wie wurde das Bandornament fortgesetzt?

Einstieg: Das Motiv in der Ausgangslage ist in der Schablone blasser dargestellt, die symmetrische Abbildung intensiver.

Lege mit dem Motiv eine Parkettierung.
Nutze →, ▯, ↻, ⊟.

1.

Mein Muster
wiederholt sich
nach einer Regel.

2.

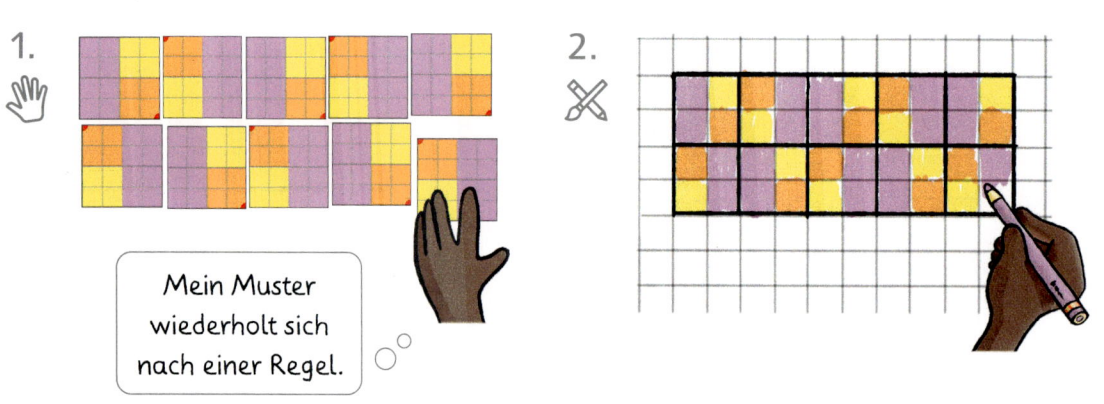

3.

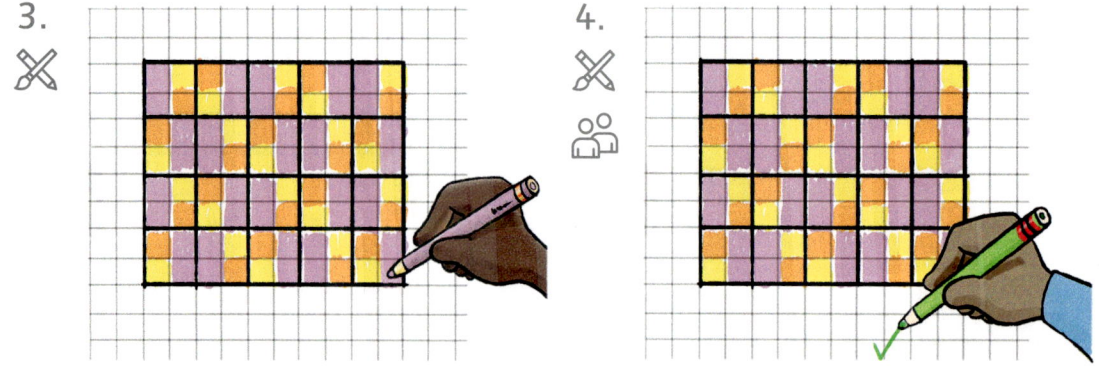

4.

 Nach welcher Regel wurde die Parkettierung fortgesetzt?

Eigene Muster

1.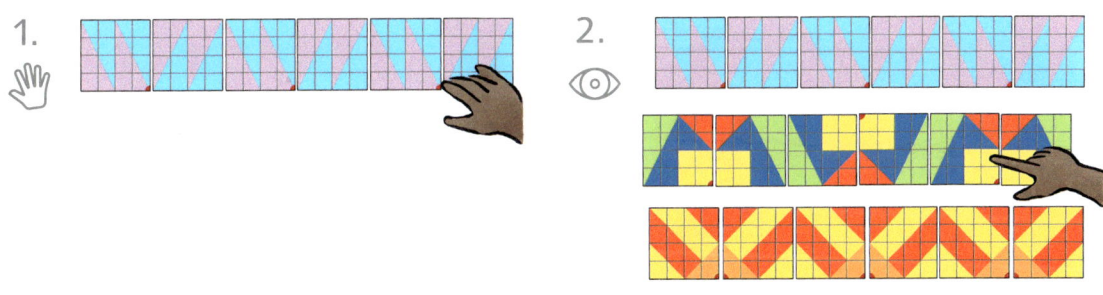

2.

3.

Das ist mein Lieblingsmuster.

 Welches Muster hat dir am besten gefallen? Warum?
Beschreibe das Muster. Nach welcher Regel wurde es fortgesetzt?

Ich gebe meinem Tablet Anweisungen für ein Muster. Ich programmiere Codes.

Die beiden Anweisungen Nutze Motivkarte 1 und Verschiebe gehören zusammen und bilden einen Block.

1.

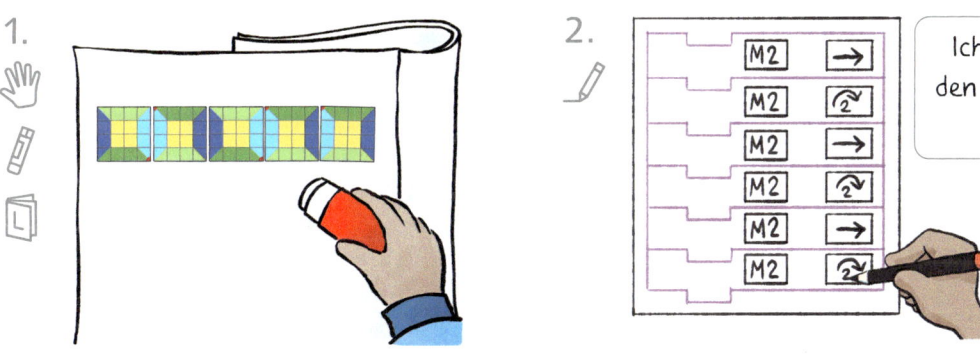

2.

Ich schreibe den passenden Code.

3.

Ich lege das Muster nach deinem Code.

4.

Hast du dein Muster richtig programmiert?
Hat dein Partnerkind deinen Code richtig gelesen?

Für die Stunde wird kein Tablet benötigt. Die SuS programmieren auf Papier.

Nach 4 Blöcken wiederholt sich die Abfolge. Die Abfolge wird 2-mal wiederholt.

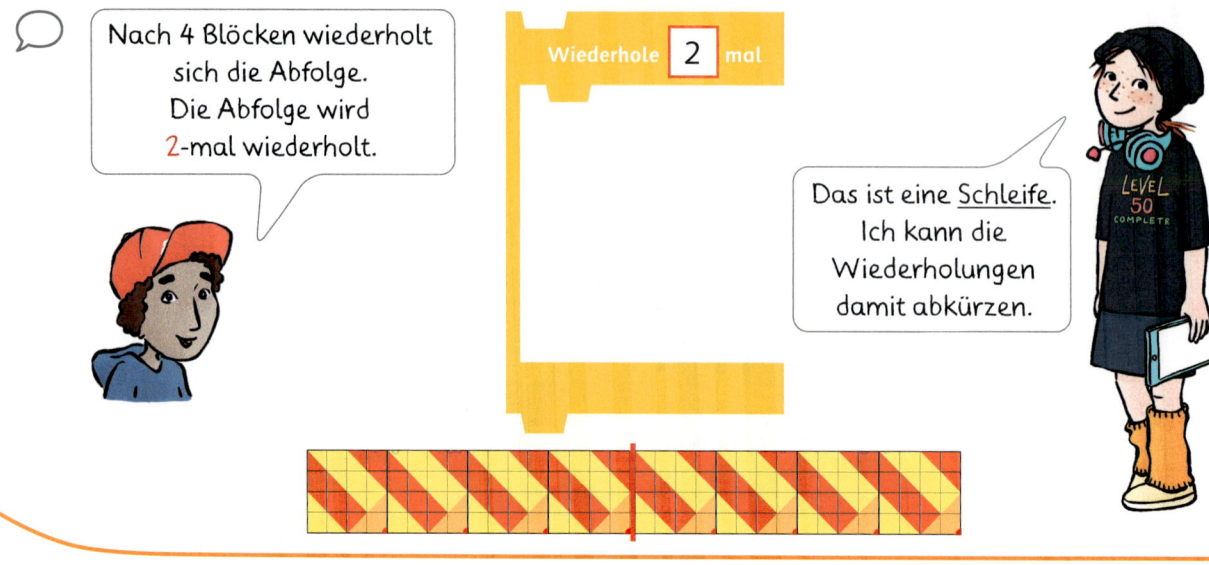

Wiederhole **2** mal

Das ist eine <u>Schleife</u>. Ich kann die Wiederholungen damit abkürzen.

1.

2.

Nur bis zur ersten Wiederholung.

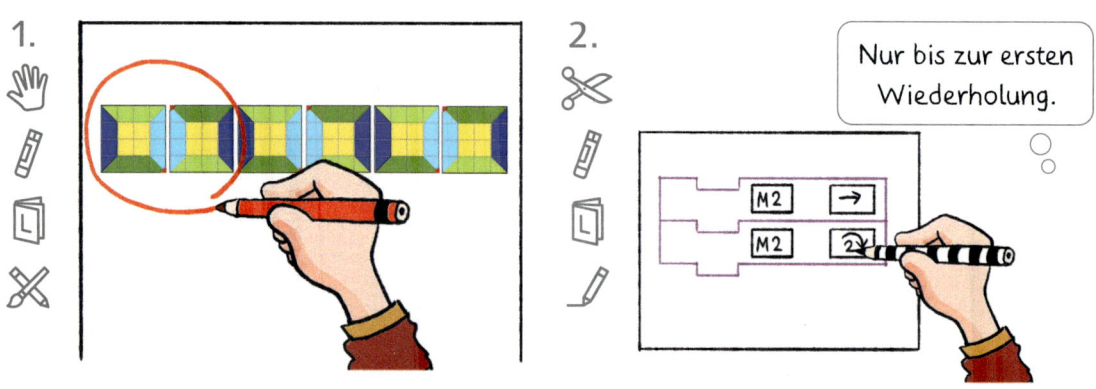

3.

Die Blöcke wiederholen sich 3-mal.

Warum nutzt du Schleifen?
Warum programmieren wir?

Die Uhr

Was weißt du zum Thema „Uhr"?

1.

Wozu brauche ich Uhren?

Hier brauche ich Uhren

- Dauer der Schulstunde
- Verabredung
- Arzttermin
- Busfahrplan

Was hast du Neues entdeckt?
Wieso sind Uhren wichtig?

Wie viele Sekunden dauert es?

1-mal Stuhl hochstellen

Ich schätze: 3 Sekunden

1 Minute = 60 Sekunden
1 min = 60 s

1.

Aufgabe	geschätzt	ge
Vor- und Nachname schreiben.		
10 Kniebeugen machen.		
5er-Reihe aufsagen.		
1-mal um den Tisch laufen.		

2. Wie viele Sekunden? Schätzen, messen und aufschreiben.

3. A-M-A-R-I, A-M-A-R-I, A-M-A-R-I...

Wie oft in 60 Sekunden?

4. Meine Aufgabe für dich ...

Du misst, ich führe aus.

?! Sind deine Schätzungen und Messungen ähnlich? Weshalb?
Was kannst du in 1/15/30/60 Sekunden schaffen?

Minuten und Sekunden (II)

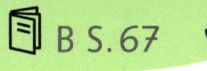

Eine Mathematikstunde dauert länger als 1000 Sekunden.

Kann das stimmen?

Wie viele Sekunden sind 1, 2 … 45 Minuten?

1.

Kann das stimmen?

2.

Wie kann ich die Aufgabe lösen?

3.

Tipp

In Schritten vorgehen.

Falls ich nicht weiter weiß, nutze ich die Tippkarten.

4.

Welche Lösung präsentieren wir?

Was hilft dir, um die Aufgabe zu lösen? Wie rechnest du Sekunden in Minuten um? Wie rechnest du Minuten in Sekunden um?

Stunden und Minuten

 B S. 68–69

1.

Wie spät ist es?

2.

Es is 4:10 oder 16:10 Uhr.

3.

4.

Wie kann ich schnell die Minuten ablesen?

Ist dir das Ablesen der Uhrzeiten leicht-/ schwergefallen? Warum?

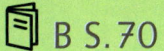

	Mo	Di	Mi	Do	Fr
8.00–8.45	D	D	Reli	M	D
8.45–9.30	M	SU	D	D	M
1. Hofpause – Frühstück					
10.00–10.45	Mu	Eng	Ku	SU	Sp
10.45–11.30	Sp	Fö	Ku	SU	Fö
2. Hofpause					
11.45–12.30	Reli	M	Eng	Mu	
12.30–13.15		M		Sp	

Der Unterricht beginnt um …

Wie lange dauert der Unterricht am Montag?

… und endet um …

1.

2. Wie lange dauert es von Schulbeginn bis zur 1. großen Pause?

3.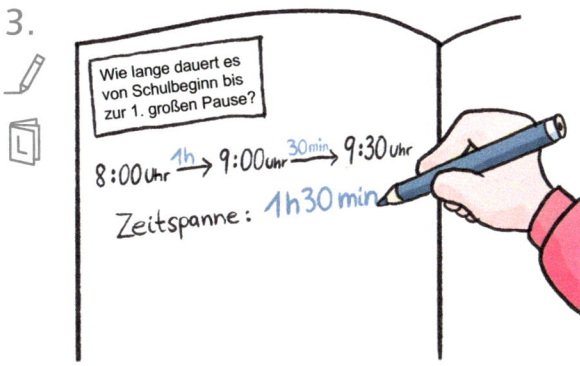

Wie lange dauert es von Schulbeginn bis zur 1. großen Pause?

$8{:}00$ Uhr $\xrightarrow{1h}$ $9{:}00$ Uhr $\xrightarrow{30\,min}$ $9{:}30$ Uhr

Zeitspanne: 1h 30 min

 Wie berechnest du Zeitspannen?

Abkürzungen im Stundenplan besprechen.

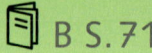

1. Kann das stimmen?

2. Wie kann ich die Aufgabe lösen?

3. **Tipp**

In Schritten vorgehen.

Falls ich nicht weiter weiß, nutze ich die Tippkarten.

4. Welche Lösung präsentieren wir?

Was hilft dir, um die Aufgabe zu lösen? Wie rechnest du Stunden in Minuten um? Wie rechnest du Minuten in Stunden um?

Informationen finden

B S. 72–73

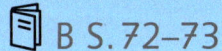

Welche Informationen findest du in diesem Steckbrief?

Die Symbole stehen für Name, Alter, Größe, Herkunft, Gefährdung und Besonderheiten.

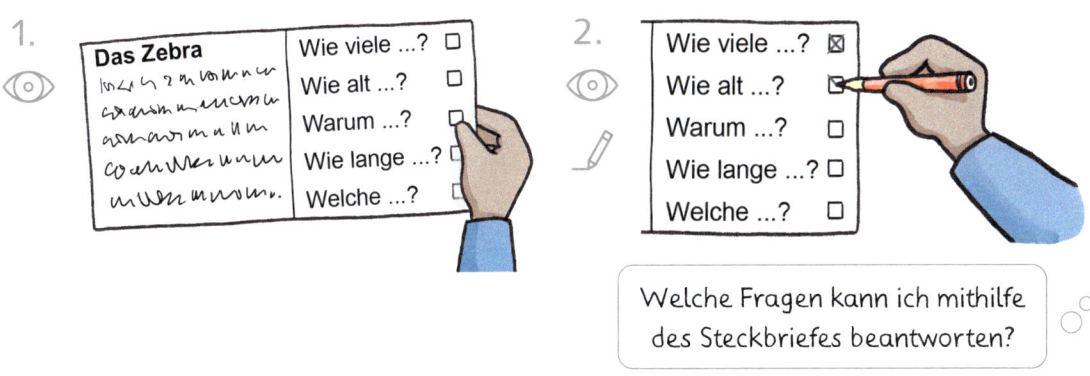

Welche Fragen kann ich mithilfe des Steckbriefes beantworten?

Ich markiere die passenden Informationen im Text, damit ich die Frage leichter beantworten kann.

Welche Fragen konntest du mithilfe der Steckbriefe beantworten?

> Ich lege Material passend zu den Informationen im Text. Dann zeichne ich eine Skizze.

1.

> Passen Material und Sachaufgabe zusammen?

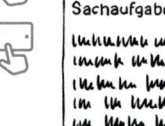

2.

> Was muss ich beim Zeichnen einer Skizze beachten?

Merkmale Skizze
- leicht zu zeichnen
- passend zur Aufgabe
- übersichtlich
- Lösung ablesbar

3.

4.

> Passen Material und Skizze zur Sachaufgabe?

 Wurden die Merkmale einer guten Skizze beachtet?

Was ist der Vorteil einer Skizze?

Nr. 2 zeigt die Zwischenreflexion, in der die Merkmale einer guten Skizze erarbeitet werden.

Tabellen erstellen

> Ich erstelle zu den Informationen im Text eine Tabelle. Jetzt kann ich die Frage beantworten.

Sachaufgabe

1.

> Was muss ich beim Erstellen einer Tabelle beachten?

Merkmale Tabelle

- Spalten und Zeilen
- Zahlen aus der Aufgabe
- übersichtlich
- Lösung ablesbar

2.

3.

> Passen Sachaufgabe und Tabelle zusammen?

 Wurden die Merkmale einer guten Tabelle beachtet?

 Wann helfen mir Tabellen und wann Skizzen?

Nr. 1. Die Merkmale einer guten Tabelle im Einstieg erarbeiten.

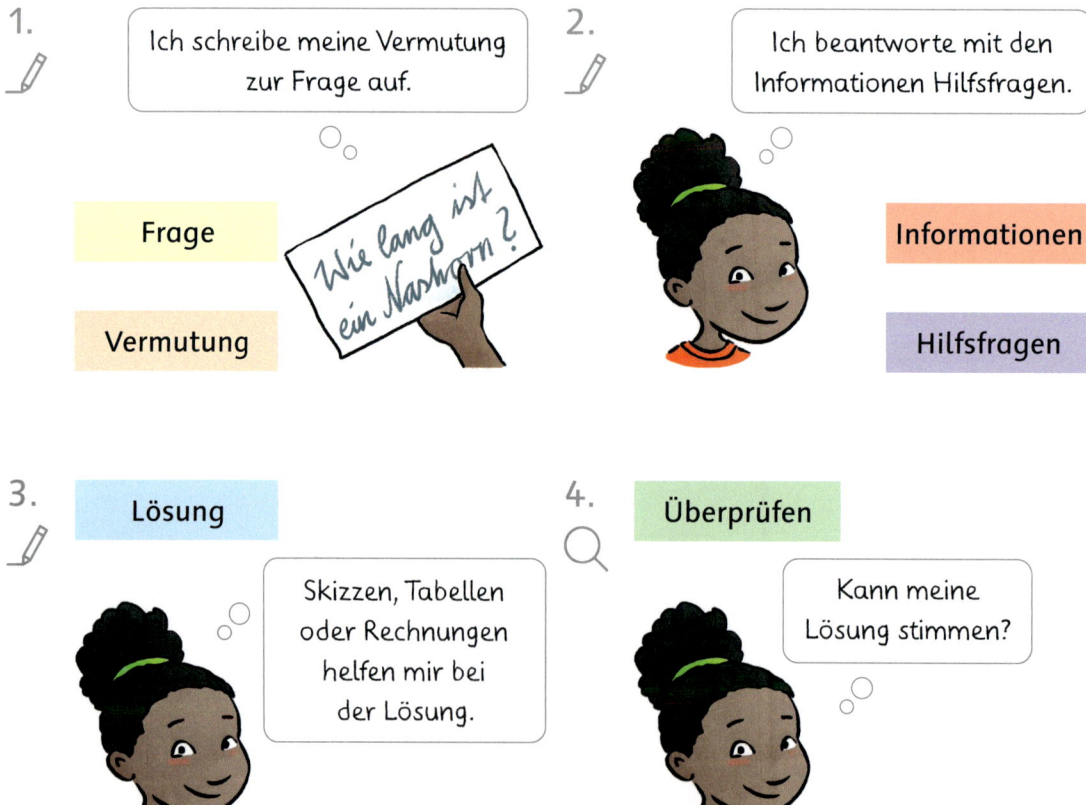

Sicher, möglich, unmöglich

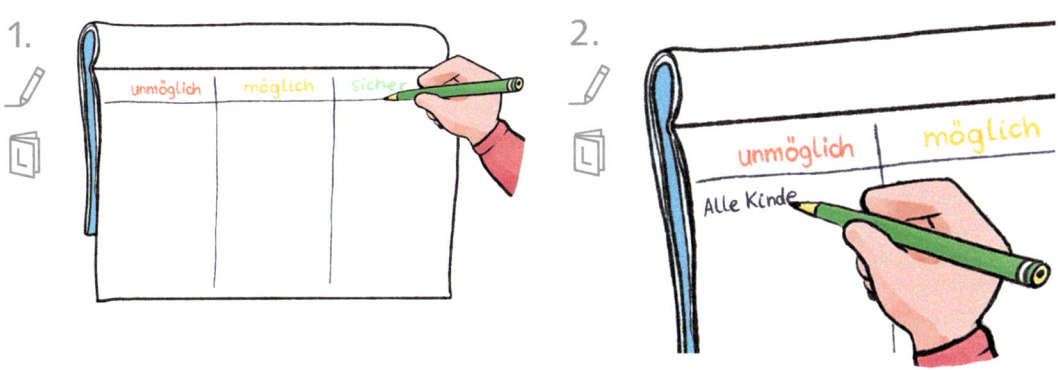

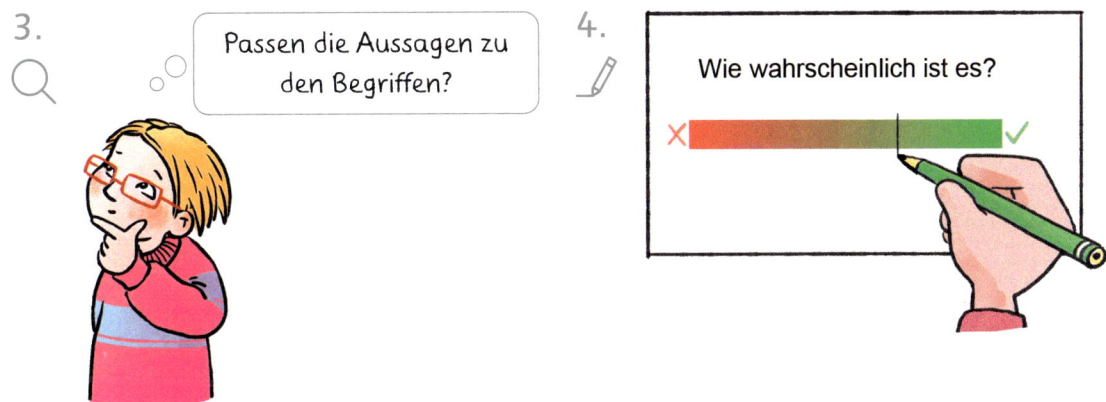

Was bedeuten die Begriffe sicher, möglich, unmöglich, wahrscheinlich?

Nach Nr. 3 folgt eine Zwischenreflexion.

1.

2.

3.

4.

?! Gibt es Augenzahlen, die häufiger gewürfelt werden als andere?
Hat Ella Recht? Oder sind alle Augenzahlen gleich wahrscheinlich?

3. Schnelle SuS stellen die Anzahlen zusätzlich in einem Säulendiagramm dar.

1. ✏️ Das sind die möglichen Augensummen.

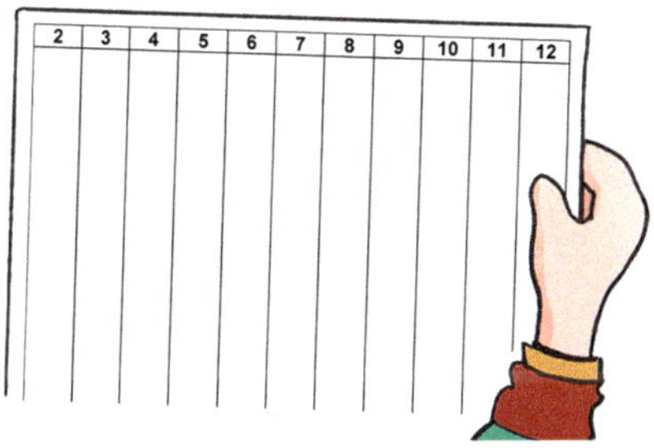

2	3	4	5	6	7	8	9	10	11	12

2. ✋

3. ✂️🖊️📖 Keine Kombination doppelt.

2	3	4	5	6	7	8

4. 🔍 Haben Ella und Noa die gleichen Gewinnchancen?

❓ Ist die Gewinnchance mit 🎲🎲 für alle Augensummen gleich?
Welche Kombinationen gibt es für jede Augensumme?

Hinweis: 2 (rot) und 5 (blau) bzw. 2 (blau) und 5 (rot) sind zwei unterschiedliche Kombinationen.
Beide notieren.

1.

2.

3.

4.

Sind die Gewinnchancen mit euren Regeln fair?